U0631734

邓光缘 / 主编

核心素养下
对综合艺术课程的再认识

基于戏剧制作的
校本综合艺术课程之初探

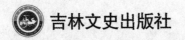

吉林文史出版社

图书在版编目（CIP）数据

核心素养下对综合艺术课程的再认识：基于戏剧制
作的校本综合艺术课程之初探 / 邓光缘主编. — 长春：
吉林文史出版社，2019.10

ISBN 978-7-5472-6637-3

Ⅰ. ①核… Ⅱ. ①邓… Ⅲ. ①艺术教育 – 研究 Ⅳ.
①J114-4

中国版本图书馆CIP数据核字（2019）第218743号

核心素养下对综合艺术课程的再认识：基于戏剧制作的校本综合艺术课程之初探
HEXIN SUYANGXIA DUI ZONGHE YISHU KECHENG DE ZAIRENSHI JIYU XIJU ZHIZUO
DE XIAOBEN ZONGHE YISHU KECHENG ZHI CHUTAN

主　　编：邓光缘
责任编辑：程　明
封面设计：姜　龙
出版发行：吉林文史出版社有限责任公司
电　　话：0431-81629369
地　　址：长春市福祉大路5788号
邮　　编：130118
网　　址：www.jlws.com.cn
印　　刷：北京虎彩文化传播有限公司
开　　本：170mm×240mm　1/16
印　　张：6.75　　　　　　字数：122千字
印　　次：2022年6月第1版　2022年6月第1次印刷
书　　号：ISBN 978-7-5472-6637-3
定　　价：45.00元

前言

FOREWORD

综合艺术课程是一门集人文性、创造性、愉悦性、经典性于一身的综合性的课程，不单融合了音乐、美术、戏剧、舞蹈、影视等多门艺术学科，还广泛联系生活、文化、情感、科学等相关内容。它注重人文素养与艺术能力的协调发展，是在批判学科艺术课程单一学科知识构建体系的基础上建立起来的一项创新型的课程。①

综合艺术课程自诞生以来，其美育价值、以人为本的精神得到广泛认同，但实施与推广却甚为艰难，发展得并不顺利。2001年，综合艺术课程开始在全国多个试验区进行推广与普及，2003年至2005年综合艺术课程的发展达到高峰，但从2007年开始走下坡路，有部分地区相继放弃试验，又回到分科课程的老路上。学界许多专家、学者对其原因进行了多角度的、深入的调研与论述，其中最具代表性的是宋森，他在《对综合艺术课程的几点质疑》中提道：

（1）综合艺术课是机械拼凑还是有机融合？融合的切入点是什么？

（2）开设综合性的艺术课程，是否脱离了目前基础教育阶段艺术师资结构的实际情况？

（3）艺术包含了音乐、美术、戏剧、雕刻、曲艺五大领域，若要单列综合艺术学科，那么它属于哪个领域？其科学依据是什么？

荀洪梅博士在其论文《中小学艺术课程实施现状研究》中则进行了系统的调查研究，从宏观的政策、课程理念、课程的哲学理论依据、课程目标、教材设计与微观的学校制度、教师培养、教学模式、学生学习等方面全方位地

---

① 荀洪梅.中小学艺术课程实施现状研究［D］.长春：东北师范大学，2013：12.

1

进行了系统的研究与论述，提出了问题并给出了建议。在论文中，苟洪梅博士也提到了由于对艺术课程目标理解的偏差和教师自身综合艺术知识结构的不完善，导致许多艺术课程教学实践还停留在将艺术课程机械地拼凑、叠加在一起的授课模式上，同时还指出教材设计方面有待改进的地方，即由于没有考虑到我国基础教育的现状，对教师的专业素养有过高的要求，因而降低了艺术课程的实操性。通过苟洪梅论文中的数据，我们可以看出，得不到足够的政策支持也是阻碍综合艺术课程发展的一个重要原因。此外，侯杰在《对综合艺术课程改革的几点反思》中也向我们道出了当下一线艺术教师面对综合艺术课程时自身知识结构单一的尴尬困境。

综上所述，制约综合艺术课程发展的主要原因有以下三点：

（1）由于综合艺术课程是融合了各艺术学科和各领域知识的交叉型课程，加之其内涵和外延缺乏科学严谨的界定，这就导致各艺术学科知识之间缺乏严谨的逻辑联系，形成不了体系，因而课程内容沦为各学科领域知识的大杂烩，教学被迫流于形式。

（2）基于第一个原因，针对综合艺术课程教师的培养也很无力，因此综合艺术课程师资的缺乏也是制约综合艺术课程发展的一个重要原因。

（3）目前，学校教育以学科课程形态（分科型课程）为主，而综合艺术课程就是在批判现行艺术学科课程的学科知识内容单一（学科本位）的基础上建立起来的，它所突出的能力素养等隐性的价值与现行的课程与教学评价模式缺乏适切性，因而无法适应现行的学校教育的课程与教学管理制度。

虽然综合艺术课程在实践中遭遇了重重困难，但其全面发展的育人理念与价值却在社会发展与时代进步中被逐渐放大。随着信息技术时代的到来，社会职业结构发生了改变，未来社会渴求具有综合素养的人才，个体在未来职业中的决策力、协作力、创造力等无不是应对未来挑战的关键能力。这些能力需要教育从只注重个体单一性知识技能的培养转向建立多维度关键能力的核心素养的培养。为紧跟时代发展趋势，2014年3月，教育部颁布了《教育部关于全面深化课程改革落实立德树人根本任务的意见》，并将组织研究提出各学段学生发展核心素养体系。[①] 2016年9月，中国学生发展核心素养研究成果在北京师范大学正式公布，这标志着全面发展的育人理念被具体为具有实践指导意义的核心素养框架的体系。

在核心素养的引领下，综合艺术课程获得了新的发展契机。因为，核心素养不是对人的全面发展抽象概念的扩充，而是一个对学生显性的知识技能和隐性的能力价值各方面成就的具体描述，并且核心素养里各方面的内容构成的是一个相互联系、互为支撑的整体的框架体系。在核心素养的框架体系中，学科课程的知识本位价值被有效地统一于全面发展的价值体系中。因而，在核心素养引领下，学科课程将回归其学科属性，基础性的知识与技能目标的价值将作为学科素养被重新定位，而在知识与技能基础之上的能力、情感、态度与价值等隐性的目标维度则势必由拓展型课程予以补充和实现。综合艺术课程就属于这类具有拓展和补充性质的课程。在核心素养的视域下，我们不再是从课程的角度去思考人的全面发展，而是从人的全面发展的角度去重新定义和规划课程，让各种类型的课程回归其课程属性，使其紧密衔接，相互配合，从而促进人的全面发展。

基于戏剧制作的校本综合艺术课程就是在核心素养的引领下构建的综合艺术课程的新型发展模式。

首先，基于戏剧制作的校本综合艺术课程属于项目式课程，在课程形态上，它与学科艺术课程有所不同但又相互补充。不同在于，学科艺术课程注重对事实性知识的学习，它是以知识逻辑编排课程内容，课程边界在于学科领域；而项目课程的内容是依据项目逻辑编排的，课程边界在于项目本身。联系在于，虽然项目式教学法具有实践性，注重能力素养的培养，但它必须以学科知识为前提，只不过学科知识内容在其中不再以学科领域划分，而是在项目目

---

① 教育部.教育部关于全面深化课程改革落实立德树人根本任务的意见［EB/OL］.（2014-03-30）［2014-04-08］.http://old.moe.gov.cn/publicfiles/business/htmlfiles/moe/s7054/201404/167226.html.

标导向下，各领域知识被有效地融合了。将综合艺术课程定位于项目课程并与现行的学科课程形成互补，综合艺术课程便不会在目前以分科形态为主导的学校教育中显得格格不入。

其次，综合艺术课程以戏剧制作为载体，它的内涵与外延得到了合理的界定。戏剧属于综合艺术，它自成体系并且对各类艺术的要素有着天然的吸附力，所以各艺术学科知识围绕戏剧进行融合具有逻辑的合理性。制作戏剧是具体的教学活动形式，它以一整套职业劳动程序作为参照，所以综合艺术课程的教学方法也是有章可循的。

最后，由于定位于项目式课程，在教学上，教师的教学方式将由主导转变为引导，这将大大减轻当下一线艺术教师（只具备单科专业背景的艺术教师）在综合艺术课程教学中作为"全科式"教师角色的压力。因而，所谓缺乏综合艺术课程师资的问题也就迎刃而解了。

本书共分五章。

第一章从三个方面阐述综合艺术课程发展概况。首先介绍了分科艺术课程的价值与局限性。其次，说明综合艺术课程是在试图突破分科艺术课程局限性的基础上建立起来的，并论述了综合艺术课程的理念与价值。最后，对综合艺术课程在实施中所遭遇的困境进行剖析，提出了综合艺术课程以戏剧制作作为课程与教学的载体，实施课程校本化发展路径的构想。

第二章从校本课程发展路径的角度全面阐释了基于戏剧制作的校本综合艺术课程的开发与实施方式。其中包含了校本综合艺术课程概念的界定；综合艺术课程校本化发展的理由；基于戏剧制作的校本综合艺术课程的类型定位、课程理念、开发与实施的依据和方式。

第三章主要对"基于戏剧制作的综合艺术课程"同"戏剧教育"和"教育戏剧"的关系进行梳理。由于这三种课程在课程理念上有相近之处，但在培养目的上有着本质区别，加之都涉及"戏剧"的教学内容，所以容易混淆概念。因此，本章首先分别介绍了三种课程的发展历史、课程理念与培养目标，并进行对比分析，梳理出三者的相同之处和不同之处，目的是避免由于概念模糊，在综合艺术课程开发与实施中出现培养目标上的偏差。

第四章重点介绍和剖析了艺术之间的跨域思维，即联觉思维。联觉亦称作通感，它是艺术审美与创造中具有共性的思维模式。任何领域的艺术审美与创造都离不开联觉思维的作用，综合艺术的教育也不例外，甚至在教育中更要有意识地培养与运用艺术的跨域思维能力，为学生未来的艺术发展奠定良好的思维基础。本章从联觉产生的心理基础和联觉与外部世界的同构关系的角度揭示了联觉的本质。

第五章介绍了基于戏剧制作的校本综合艺术课程的课程与教学形态。本章首先从核心素养的角度阐述了综合艺术课程的目标形态；其次对课程的主要特征进行了详细的介绍；最后重点讨论了综合艺术课程的项目式教学法的定位与实施策略。

由于时间仓促，本书难免存在疏漏和不足之处，敬请读者批评指正，以便日后进一步修改。

编 者

2019年1月

第一章
综合艺术课程发展概况

第二章

基于戏剧制作的综合艺术课程的校本化发展路径

第三章

基于戏剧制作的校本综合艺术课程、戏剧教育和教育戏剧的关系

第四章

艺术之间的"普遍联系"——审美联觉与现象世界之间阴阳、五行的异质同构关系

第五章

基于戏剧制作的校本综合艺术课程的课程与教学形态

第一章

综合艺术课程发展概况

综合艺术课程自诞生以来，课程的美育价值和以人为本的精神就得到广泛认同，但在实施与推广的道路上发展得并不顺利。2001年，综合艺术课程开始在全国多个试验区进行推广与普及，2003年至2005年综合艺术课程的发展达到高峰，但从2007年开始走下坡路，有部分地区相继放弃试验，又回到分科课程的老路子。从这一发展路径看，综合艺术课程的发展前景不容乐观。

随着信息时代和人工智能时代的到来，各国掀起了关于未来公民所具备的"核心素养"的讨论。从各个国家和国际组织对核心素养的界定来看，对跨域思维能力、创造力、人文素养等的培养是具有共识性的，而这些正是综合艺术课程的教育功能与价值的体现。对此，我们认为，在当下以"核心素养"为主题的教育思潮里，综合艺术课程不应缺席。我们应在总结过去经验的基础上，继续迎难而上，探索出一条与时俱进的新路子，让它在新的时期发挥其应有的作用。

本章首先介绍了分科艺术课程的价值与局限性。其次，说明综合艺术课程是在试图突破分科艺术课程局限性的基础上建立起来的，并论述了综合艺术课程的理念与价值。最后，对综合艺术课程在实施中所遭遇的困境进行剖析，提出了综合艺术课程以戏剧制作作为课程与教学的载体，实施课程校本化发展路径的构想。

一、分科艺术课程的价值与局限性

（一）分科艺术课程的价值

分科课程即学科课程，是目前学校教育中课程的普遍形态。学科课程的发展与演变对应着社会分工的发展与演变。17世纪以后，随着科学技术的发展，各科学领域分支逐渐分化，社会分工进一步细化，学科分化也随之进行。标准化、程序化、线性逻辑化等理性的价值除造就了学科课程的现有形态外，还深深地影响着教育的价值理念。

改革开放初期，我国的经济、文化发展水平相对比较落后，为促进国力的提升，大力发展经济和文化，培养行业尖端人才成了当时教育的首要任务。当时，社会上广泛流传着"知识就是力量""知识改变命运"等口号，知识与技能至上的教育思潮风起云涌。艺术教育作为时代思潮洪流里的一朵浪花，也发挥了其应有的功能。在国家宏观教育目标的引领下，艺术课程领域采取分科课程设置，以适应时代的需求。在当时培养出了大量的艺术行业人才，今天极负盛名的老一辈的艺术家就是在那个时代诞生的。

分科艺术课程是历史演进和时代发展的必然结果，在当下它依然是主要的课程形态，它的价值具体表现为以下几方面：

（1）将视觉艺术与听觉艺术进行分科设置，符合人类感官功能的认知规律，有利于学生有针对性地学习专门的知识，锻炼相应的艺术技艺，为进一步学习艺术打下良好的基础。

（2）有利于学生系统、连贯地获取文化知识，掌握艺术技艺。比如，在音乐学科里，理论知识的学习是一个从认识简单的音符、节拍等基本知识开始逐步迈向对相对复杂的和声、曲式的系统学习的过程；同样歌唱技艺也具有一套循序渐进地对学生演唱能力进行打磨的科学发声方法。这种由简入繁、由易到难的系统学习过程，易于学生系统性地掌握知识与技艺。随着课程的推进，学生的知识量会不断扩充，技艺也会越来越娴熟。

（3）它是传承人类艺术文化遗产的载体与媒介。人类的文化遗产是人类所涉足的一切领域的文明成果，它是一个由各领域所共同构成的整体性概念。每个领域都是一个相对独立的知识体系，若要继承与发展这些文明成果，就必须将它们合理地编整成为符合人类认知规律的形式。学科课程就是精练而系统性地概括了人类各领域的知识经验，由提炼了的各领域的基本原理、基本概念等精髓所构成的以供延续人类智慧的媒介。分科艺术课程便是如此，如基础教育阶段的音乐学科课程，就是将乐理、和声、曲式、作曲和音乐等的相关知识整合，构成精练而系统的学科知识体系。

（4）便于组织教学，提高学生的学习效率。由于学科课程内容是按特定领域的知识体系的内在逻辑来加以组织的，因此易于制定显性的目标，实施量化的评价。这种具有显性特征的目标有利于引导教学按有序的步骤推进，能够有效地提高学生的学习效率，同时也易于师生有针对性地进行评价与反思。比如美术课，教师可以清晰地制订结构、点、线、面、色彩等的学习目标计划，在学期结束后，可根据学生所画的美术作品，对结构的比例的准确度，点、线、面运用的清晰度，色彩搭配的合理度等方面进行评分与评价，学生根据评价反馈进行反思、调整，以达到最佳的学习效果。

（5）分科艺术课程具有专业性，属于精英教育，易于培养尖端人才，是学校、地区艺术特色发展的重要途径之一。在教育过程中，独立的分科艺术教育便于发觉和培养具有艺术天赋和特长的学生，使他们能够在各级各类的演出和比赛中展现学校与地区艺术特色。

分科艺术课程的这些价值不容忽视，它是历史演进和时代发展的必然结果，也是个人成长与发展的基础。没有知识与技能作为基础，人的全面发展便是无本之木。因此，我们在批判艺术学科课程"学科本位观念"的同时也应正视艺术学课程对于培养学生基础知识、提高基本技能有着不可替代的作用。

（二）分科艺术课程的局限性

（1）分科艺术课程秉持的单向度的"双基"课程目标难以满足对人的全

面发展的要求。

在新形势下，"核心素养"对课程与教学提出了要面向全体学生、提升学生的人文素养、实现全面发展等要求，因此，艺术课程的普及性和人文性被提到了新的高度。然而，分科艺术课程"学科本位"的特性，在一定程度上削弱了艺术与人文的关联性，阻碍了艺术的普及进程。

艺术课程作为学生全面发展和提升素质的一个重要途径，中小学的艺术教育应该是一种具有普及性、基础性的艺术素养教育。但分科艺术课程走的却是"精英化"教育路线，它难以跳出"知识至上、技艺为先"的教育法则。在这种矛盾的现象中，分科艺术课程的双基目标得不到充分体现，艺术的普及性也会受到限制。由于艺术理论知识和技艺必须通过反复学习和训练才能达到一定的水平，而且在有限的课堂时间里，采取大班制教学，其作用也是有限的，它只能使得极少部分拥有艺术天赋或者是拥有一定艺术基础的学生真正受益，对于大部分学生来讲，则失去了参与艺术活动，体验美、创造美、获得审美愉悦感的机会。在这样的课堂里，大量的时间都被浪费在枯燥的技巧性训练上，人文素养更是无暇顾及，因此艺术课程的美育功能未能得到充分发挥，其普及的价值也得不到体现。

（2）学科的清晰划界限制了艺术课程人文内容的拓展。在课堂上若要深究艺术作品背后的人文内容，就必须借助艺术知识的支撑，但分科艺术课程的"学科壁垒"阻碍了学科知识的融合。这集中表现为，如果在课程内过多地涉及跨学科的内容，课堂则会容易"失去本学科的味道"，出现学科定位不清晰的尴尬现象。

（3）学科界限还会导致个体人文知识结构出现断裂现象。例如，在某学段，音乐课涉及了印象派时期的音乐作品，但美术课课程和其他一些文化类课程在同一学段还未涉及，仅从音乐一个角度让学生体验和感受印象主义的特征是难以做到的，这便会导致个体对某时期人文认知碎片化的现象。这种整体艺术人文知识结构的不连贯也会反过来影响学生对音乐内涵的真切感知与体验。

（4）分科艺术课程只注重知识量扩充与艺术技艺娴熟度的单一标准，忽略了学生的个体差异和对一些隐性能力的培养。分科艺术课程由于过于凸显基本知识和基本技能的"双基"目标的价值，课堂常常围绕锻炼学生的某项艺术技艺和突破某个理论知识点开展教学。这种单一标准化的教学无法满足学生个性化发展的需求。同时，一些诸如协作、探究、综合实践能力等无法用量化标准进行评价的隐性目标也被忽视了。比如，笔者在教学一线发现，当下的分科艺术课堂中，音乐课与美术课常常沦为歌唱课和画画课，唱得整齐响亮、画得美观漂亮成了唯一的衡量标准。在这种教学中，除了歌唱和绘画的"知识与技能"以外，学生难以获得其他方面能力的提升。此外，单一的标准还阻碍了学生个性特长的发挥，对于不具有此专长的学生来说，他们无法在课堂中真正获得成功经验和释放自己的潜能。

《北京市中小学音乐教育现状调查报告》[1]显示，有20%的学生不喜欢上音乐课，但95%以上的当代青年都是音乐爱好者。这说明，至少有15%的音乐爱好者不喜欢上音乐课。虽然这只是音乐课程的调查报告，但也是整个分科艺术课程教育局限性的缩影和体现。这一现象不得不引起我们的重视与反思。

虽然分科艺术课程对学生基础性知识和基本能力的培养有其不可替代的作用，但随着时代的发展，它的局限性也逐渐显现出来。综合艺术课程就是在这样的时代背景下应运而生的。

二、艺术课程综合化发展的理由

随着人类逐步迈入信息时代和人工智能时代，社会的职业结构也随即发生改变，一些机械性、重复性的工作逐渐被人工智能取代，人类日益增长的

---

[1] 郭声健.艺术教育［M］.北京：教育科学出版社，2001：157.

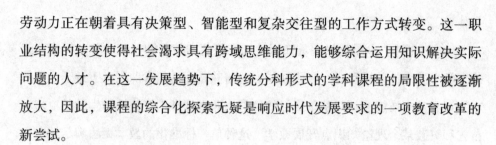

劳动力正在朝着具有决策型、智能型和复杂交往型的工作方式转变。这一职业结构的转变使得社会渴求具有跨域思维能力，能够综合运用知识解决实际问题的人才。在这一发展趋势下，传统分科形式的学科课程的局限性被逐渐放大，因此，课程的综合化探索无疑是响应时代发展要求的一项教育改革的新尝试。

（一）顺应科学的发展

自20世纪以来，世界的政治、经济、文化、科技等正在进行着前所未有的大融合，这种大融合带来的问题也是复杂、多变的，它向人类的智慧提出了前所未有的挑战，甚至可以说，学科综合与跨界研究几乎成了解决现实中一切重大问题的唯一途径。

一些科技上的重大突破与成果无不体现了学科融合的特点。我国的药理学家屠呦呦，在中药青蒿中成功提取"青蒿素"，制成了西药试剂，于2015年获得诺贝尔生理学或医学奖。她在瑞典卡洛林斯卡医学院发表演讲时讲道："通过抗疟药青蒿素的研究经历，深感中西医药各有所长，二者有机结合，优势互补，具有更大的开发潜力和良好的发展前景。"关于"诺贝尔自然科学奖中交叉研究成果在不同时段奖项中所占比例"的调查报告显示，1901年至2008年，在总授予的206项诺贝尔自然科学奖中，交叉研究成果有185项，占比52%。[1] 这些例子说明学科整合、跨域协作已成为世界发展趋势。为此，教育也应顺应时代的发展，改变过去绝对式的分科课程体系，构建以跨域协作能力、融合创造力、综合运用知识能力为培养目的的综合性课程。艺术课程也应如此，改变只有音乐和美术的分科课程设置的现状，以"大艺术教育观"为视野，开发出一门体现时代发展特征的综合型的艺术课程。

---

① 陈其荣.诺贝尔自然科学奖与跨界学科研究［J］.上海大学学报，2009（3）：51.

（二）顺应社会的发展

在社会经济领域，现代经济正在信息化的道路上阔步向前。互联网+、跨界金融、人工智能、手机媒体、虚拟社区等综合性概念如雨后春笋般层出不穷，这些概念背后，无不是行业领域的再细化和再重组。社会行业结构正在信息化的道路上进行着一场浩浩荡荡的大洗牌，每一次重新整合都是一项新的创举，因此，具有融合创造力的人才是推动经济前进的动力源。这为现代教育提出了一个时代性的课题——培养适应时代的综合性人才。基于此，艺术的综合化教育也势在必行。

在社会文化领域，网络的普及使得人们获取信息更加方便。多元文化汇涌而来，相互碰撞与交融，人类的文化视野在得到了前所未有的拓展的同时，也面临着巨大的信念挑战与价值危机。如何选择，如何整合运用和如何坚守成为摆在现代人面前的重大课题。在此形势下，艺术教育应打破过去一元的、线性的独立学科本位思维定式，以开放的、融合的多元视角高瞻远瞩，给现代人的精神世界点亮一盏明灯。

在社会政治领域，随着全球化趋势的加强，世界政治多极化，局部战争此起彼伏，国际关系错综复杂，意识形态相互激荡，人口、能源与环境问题牵动着政治决策。这些问题的解决都有赖于跨域协作，有赖于从独立的学科思维限制中解放出来，从多元融合与合作的角度思考问题。这便要求教育打破原有格局，为学生提供综合思维能力的教育，培养他们站在综合的角度思考和解决问题的能力。艺术教育也只有走向综合，才能发挥其时代价值。

（三）顺应人的发展

西方启蒙运动后，整个世界步入现代社会。在经历多次技术革命后，科技获得了长足的发展，同时也促进了社会面貌的变革。但科技给人类社会带来高度物质文明的同时也带来很多负面的影响。这集中表现为人对科技的依赖程度越来越高，逐渐被现代技术所奴役，丧失了主体性与自由意志，成了巨大的社会生产线上的一个单元，整体的人格被机械地解构成专业化、片面化和扭曲化的变态型人格。西方的一些大哲学家和教育家早已发现这一社会发展的弊端，提出了人本主义的哲学思想，倡导人性回归。因此，目前欧美一些国家的中小学教育就提倡回归综合的教育理念，把人作为一个完整的整体，尊重人的主体性，培养健全人格，鼓励学校开设综合性课程。美国的《艺术课程标准》专门把各门艺术学科之间以及艺术学科与非艺术学科之间的内在联系列了出来，强调各学科之间的内在联系，希望能够实现在学校的整体教学过程中体现课程的相关综合特征，能够最大限度地实现艺术教育对人的价值和作用。[①]

（四）顺应国际教育新形势，符合中国教育政策方针的要求

自新世纪初，经济合作与发展组织（OECD）提出"核心素养"概念以来，在世界范围内掀起了一阵教育改革的浪潮，各个国家都在就核心素养展开研究，制定与本国理念相符的核心素养框架体系。从世界范围内看，各个国家制定的核心素养框架体系都有各自的特点，但就其共同点来看都包含了交流、合作、跨学科、创造、社会性等方面的内容。以2015年范德尔（C.Fadel）等人出版的《思维教育：成功的学习者所需要的素养》为例，该书制定出了四维素养框架：知识、技能、品格、源学习，并通过一系列问句将其进行逻辑贯穿，即我们所知所理解的东西——我们怎样运用所知——我们怎样做人，融入世界——我们怎样反思并改正。这个四维框架分别包含了跨学科性，创造性、领导力、成长心向等具有代表性的内容。[②]

2014年3月，教育部颁布《教育部关于全面深化课程改革落实立德树人根本任务的意见》，文件在"主要任务"和"着力推进关键领域和主要环节改革"中阐述："要加强学科间的相互配合，发挥综合育人功能，不断提高学生综合运用知识解决实际问题的能力；全面落实以学生为本的教育理念。发挥

---

① 苟洪梅、马云鹏、杨家安.美国艺术教育的特征及启示［J］.学术探索，2013（7）：141.
② 崔允漷.追问"核心素养"［J］.全球教育展望，2016（5）：4-5.

各学科独特育人功能的基础上，充分发挥学科间综合育人功能，开展跨学科主题教育教学活动，将相关学科的教育内容有机整合，提高学生综合分析问题、解决问题能力。"①

从世界教育新的发展趋势和国家教育政策的导向来看，课程改革必将更加趋向学科间的协同性与连贯性，知识的综合性与系统性，能力培养的跨域性与合作性。综合艺术课程不单是学科的综合，还和生活、文化、情感、科学等有一定的联系。它在学科整合与运用，培养学生运用综合知识思考、解决问题的能力，开展社会性交流合作学习等方面，顺应了时代的发展趋势，同时它也是对"如何培养"的问题的具体解答。

（五）利于提升学生的人文素养

艺术课程的综合化教学利于加深学生对人文内涵的理解，对提升其人文素养起到了重要作用。《现代汉语词典》对"人文"的解释是"指人类社会的各种文化现象"②，其中包括历史、人文情感、宗教等。以下就其中的"历史与人文情感"进行说明。

在对艺术进行综合性学习时，学生需同时调动视觉、听觉、语言等感官功能，这种多感官同时进行的学习场景，能够强化他们的认知体验与感受。

我们之所以对当下时代的一切具有强烈的真实体验和认同感，是由于我们的多个感官系统同时受到周围环境所带来的刺激，并时刻与之进行信息交换。我们对历史人文的感知与体验总是隔着一层"朦胧白纱"，不如当下般真切。这是由于受到时空条件的限制，我们获取历史事件的信息和对历史的认知体验只能是单一、片面的，无法获得全感官式的体验。所以，若想让学生仅从

① 教育部.教育部关于全面深化课程改革落实立德树人根本任务的意见［EB/OL］.（2014-03-30）.［2014-04-08］.http://old.moe.gov.cn/publicfiles/business/htmlfiles/moe/s7054/201404/167226.html.

② 中国社会科学院语言研究所词典编辑室.现代汉语词典［Z］.北京：商务印书馆，2012：1093.

一个独立学科的途径把握整体的历史人文内涵显得力不从心。综合艺术课程，其全科式的教育特点和全感官式的学习方式，可以在虚拟的历史人文情境中，让学生尽可能地获取全息的知识和全感官的体验，让学生对历史时代的事件和人文有更全面的认知和更真切的体验。

例如，"乡愁"是人类一种共有的情感体验，是对故土的怀念之情。之所以会产生"乡愁"，是因为我们曾经生活在故土，见过故土美丽的风土人情，品尝过故土的美食，用过故土亲切的方言，嗅过故土清新的空气。所以，当偶尔听到老乡的方言或无意中翻开故乡的旧照时，我们内心深处地对故乡的每一部分感官的记忆就会被唤醒。在感官记忆的相互作用下，脑海中所浮现的有关故土的诸多联想，让我们仿佛身临其境，此时，内心阵阵浓烈的乡愁便油然而生。若在课堂内，从多感官的角度为学生创设学习的情境，展开体验式教学，势必会加深他们对"乡愁"这个人文主题的把握与理解，使他们获得人文情怀的升华与人文素养的提升。这正是综合艺术课程的特点与功能。

三、以戏剧制作为教学载体，实施综合艺术课程校本化发展路径，促使综合艺术课程走出发展困境

综合艺术课程自问世以来发展得并不顺利，经历了由分科到综合，再由综合到分科的过程。在上海"首届艺术课程高峰论坛"上，首都师范大学的一位教授表示："艺术课区别于音乐、美术课的性质，同时也有高于这两个学科所能达到的对学生艺术能力培养的地方。因此，这样一门好的课程，优秀的课程，应该继续走下去，也有它能继续走下去的理由。但是，从目前来看，艺术课程的腰杆不够直，没有全国范围的进行推广的行动。"[①] 从这位教授的肺腑感言中可以看出，综合艺术课程的价值毋庸置疑，但同时也折射出其在实施与

---

① 荀洪梅.中小学艺术课程实施现状研究［D］.长春：东北师范大学，2013：101.

推广上受到的阻力。

目前，学界关于综合艺术课程在理论和实践方面都具有丰硕的研究成果，以下笔者就在已有成果的基础上，对综合艺术课程实施现状加以分析，找出影响综合艺术课程发展进程的症结所在，并提出解决问题的办法。

在2000年新课程改革启动的初期，艺术课程在全国多个地区进行了实验与推广，最初在社会上产生了广泛的影响，也取得了阶段性的成就。但随着时间的推移，在2007年，一些地区相继放弃实验，渐渐地又回到分科艺术课程的老路子上，这再次引起了学界的广泛关注与热议。许多专家、学者对其原因进行了多角度的、深入的调研与论述，其中最具代表性的有宋森在《对综合艺术课程的几点质疑》中所提到的：

（1）综合艺术课是机械拼凑还是有机融合？融合的切入点是什么？

（2）开设综合性的艺术课程，是否脱离了目前基础教育阶段艺术师资结构的实际情况？

（3）艺术包含了音乐、美术、戏剧、雕刻、曲艺等大领域，若要单列综合艺术学科，那么它属于哪个领域？其科学依据是什么？

荀洪梅博士在论文《中小学艺术课程实施现状研究》中进行了系统的调查研究，从宏观的政策、课程理念、课程的哲学理论依据、课程目标、教材设计与微观的学校制度、教师培养、教学模式、学生学习等方面全方位地进行了系统地研究与论述，提出了问题并给出了建议。在论文中，荀洪梅博士也提到了由于对艺术课程目标理解的偏差和教师自身综合艺术知识结构的不完善，许多艺术课程教学实践还停留在将艺术课程机械地拼凑、叠加在一起的授课模式上，同时还指出教材设计方面有待改进的地方，即由于没有考虑到我国基础教育的现状，对教师的专业素养有过高的要求，因而降低了艺术课程的实操性。通过荀洪梅博士论文中的数据，我们可以看出，得不到足够的政策支持，也是综合艺术课程发展不畅的一个重要原因。此外，侯杰在《对综合艺术课程改革的几点反思》中向我们道出了当下一线艺术教师面对综合艺术课程时自身知识结构单一的尴尬困境。对此，也有许多文献提出建议。其中邱小燕在硕士论文《综合艺术课程教师跨域能力培养研究》中详细介绍了长沙市开福区综合艺术教师跨域能力培养的相关经验，提出营造积极的综合环境、改进培训方式、改进培训内容、加强高师院校对艺术教师的培养的实施策略。

综上所述，学科领域归属不明确，缺乏专业的综合艺术课程师资，得不到足够的政策支持这三大问题是目前制约综合艺术课程发展的主要原因。针对这些问题，笔者提出以下三个解决方案。

（一）构建基于戏剧制作的项目课程模式，解决综合艺术课程学科领域归属不明确的问题

由于学科领域归属不明确，没有独立学科知识体系的支撑，艺术课程的综合欠缺知识间内在的逻辑联系，因而在实践中出现将各艺术学科知识进行简单拼合等现象，这也是一直被学界诟病的问题。对此，我们应该跳出"学科本位"观念的束缚，重新认识综合艺术课程。

综合艺术课程的目的就在于打破学科界限，破除学科本位偏见，颠覆知识与技能至上的观念，实现人性教育的回归，使人本价值得到充分体现。如果再给它扣上学科归属的帽子，岂不是自相矛盾？笔者认为，实质上综合艺术课程真正需要的不是被限定在某个学科领域范围内，而是需要赋予它一个能够有效整合多门艺术的"载体"。"戏剧制作"便是这个载体。

以戏剧制作为载体，综合艺术课程将突破学科本位的观念，而被重新定位为"项目式的实践活动课程"。

首先，戏剧是具有综合属性的艺术，它对各领域艺术具有天然的吸附力，因此，以戏剧制作为载体，综合艺术课程内容的融合便有了逻辑依据。其次，制作戏剧是一项职业劳动，将之移植至教育中，综合艺术课程的教学便有章可循。有了"戏剧"这一载体作为支撑，所谓学科归属不明确的问题便迎刃而解。

值得注意的是，我们在观念上不能把综合艺术课程归于戏剧领域的课程，这样就违背了综合艺术课程的初衷，使它失去价值。"戏剧教育"与"教育戏剧"都同属戏剧学科领域范畴，但是基于戏剧制作的综合艺术课程里的"基于戏剧制作"，仅仅是作为综合艺术课程的实施手段，它是以"实施项目活动的方式"进行实践性的教学活动的课程，其目的不在于"戏剧学科的教育"，而在于"艺术的综合实践教育"。在本书的第三章，笔者将对这三者进行详细的对比与分析，并梳理出三者的关系。

（二）改变教师主导的课堂教学模式

一线艺术教师的独立学科专业背景与综合艺术课程对艺术教师应具备相对全面艺术素养的要求不相匹配。

当下的一线艺术教师只具备独立学科的专业素养，而综合艺术课程要求艺术教师具有全面的艺术素养，这对一线艺术教师来说无疑是一项巨大的挑战。时代在进步，社会对综合素质人才的需求日益见长，满足社会发展需求是教育的使命，我们除了呼吁高师院校尽早制订对综合艺术师资的培养计划外，目前也只能摸着石头过河，在现有的师资条件下，走出一条适应当前形势的道路。

基于戏剧制作的校本综合艺术课程，可以在课程授课形式方面减轻教师作为"全科式艺术教师"角色的压力，同时，在教师自我成长之路上也发挥着可持续发展的作用。

首先，由于课程是基于项目制作的方式开展的，它模拟的是一项社会劳动的过程，所以课程遵循确立项目—制订任务与计划—执行任务—成果验收的项目实施过程。在这种课程模式下，教师更多的是以组织者和成员的角色参与到学生的活动中，它将过去课堂上以教师唱主角的授课模式转变为以学生为主导、教师为引导的模式。这便弱化了教师作为"全科式艺术教师"的角色的作用，从而减轻了教师授课的压力。其次，基于戏剧制作的综合艺术课程，除了学生以团队方式开展学习外，教师也以团队方式开展教学—由多个专业教师组建成综合艺术课程教研组，定期开展教研活动，共同研究制订教学方案。这个团队除了是一个共同开展教学研究的研究型团队外，还是一个相互学习、相互为师的学习型团队。在这个团队里，各个艺术学科领域的教师通过相互学习，弥补各自艺术领域知识的短板，促进自身综合艺术素养的提高，实现综合艺术教师职业能力的可持续发展。

（三）综合艺术课程走校本化发展路径

综合艺术课程理念与目标价值具有隐性的特点，因此容易被忽视，难以获得足够的政策支持。

综合艺术课程的目标价值所体现的不是知识量的无限叠加，而是艺术视野拓展的宽度；不是为了成就高超的艺术技艺，而是为了触摸深厚的文化底蕴；不是"单打独斗"的个人主义精神，而是团队协作的集体主义精神；不是单向的专业技能发展，而是整体人格的健康发展。这些具有隐性特点的目标，都难以有立竿见影的成效，也无法有效地实施量化评价，所以其价值容易被忽视，无法得到很好的政策支持。

2000年，新课改确立了国家、地方和学校三级课程管理模式。校本课程作为学校主导开发的课程，具有一定的自主度和对学校自身情况的适应性，是学校特色发展的重要组成部分之一，也是方兴未艾的课程管理类型，无论在学校层面还是在上级教育行政部门层面，都备受关注和支持。若综合艺术课程走校本课程发展路径，定能顺势而为，事半功倍。首先，校本课程是实现学校特色发展的重要途径之一，若综合艺术课程走校本化发展路径，与学校办学理念相结合，定能获得更多的政策支持。其次，因为校本课程是学校本位的课程，学校与教师既是课程的开发者，也是实施者，所以课程"开发"与"实施"具有高度的互动性，开发主体能够根据学校的硬件与软件、师资结构、学生学情等实际情况在课程实施的过程中对课程不断进行优化和调整，使综合艺术课程始终在一个动态优化的过程

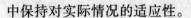

中保持对实际情况的适应性。

综上所述，构建"基于戏剧制作的校本综合艺术课程"是综合艺术课程发展的一项新的尝试。

第二章

基于戏剧制作的综合艺术课程的
校本化发展路径

一、校本综合艺术课程概念的界定

"校本综合艺术课程"包含了"综合艺术课程"与"校本课程"两层含义。

"综合艺术课程"是一门集人文性、创造性、愉悦性、经典性于一身的综合性的课程，是音乐、美术、戏剧、舞蹈、影视多种艺术学科要素的综合以及艺术领域和其他领域知识的综合，是一门在课程目标、课程结构、课程内容上探求综合性改革的新型课程。

"校本课程"是相对"国家课程"与"地方课程"而言的，课程在开发与实施上具有相对的自主性。有学者这样定义校本课程："学校自行规划、设计、实施和评价的课程。"[①] 校本课程既是对国家课程与地方课程的一种补充，又是基于学校教学理念与特色开发的课程。

综上所述，我们把"校本综合艺术课程"定义为以国家艺术课程标准为指导，从学校教学理念出发，根据学校教学硬件、软件配备、师资等实际情况自主开发实施的综合性艺术课程。

---

① 刘欣、孙泽文、严权.课程与教学新论 [M].北京：中国人民大学出版社，2014：51.

二、综合艺术课程校本化发展的理由

在第一章中，笔者分析了综合艺术课程所遭遇的现实困境的原因，并提出了基于戏剧制作的校本综合艺术课程的发展方向。下面进一步阐述基于戏剧制作的综合艺术课程以校本课程方式开发与实施的理由。

目前，国家和地方课程推行以学科课程为主导的课程管理模式，现行的艺术学科课程分为音乐与美术两门学科。学科课程是由提炼的自然科学和人文科学的知识内容构成的，所以在一定程度上，各学科领域间的界限决定了学科课程具有相对独立的知识体系。这虽然有利于学生系统地学习专业知识，但是却阻碍了知识间的互通与联系，不利于学生形成整体的知识结构，实现综合能力的发展。综合艺术课程打破了艺术学科间的界限，以一种"大艺术观"的视野整合多门艺术学科，能够促进学生艺术能力与人文素养协调发展。但其"综合"的特殊性导致它无法在以学科课程为主导的课程管理体系中立足，其价值和功能一直未能得到充分体现与发挥。校本课程是以学校为主体开发实施的课程形式，它具有相对独立自主的发展空间，这为综合艺术课程的开发与实施提供了一片新的土壤。

在不同国家，由于自身政治体制和国情差异，它们对校本课程的支持程度和运用广度都有所不同，但其基本理念都是一致的——校本课程是与标准化的国家课程互为补充，以适应学校教育理念和学生个体差异的发展需求，立足学校而存在的个性化课程。我国的校本课程是国家三级课程管理制度的重要组成部分，旨在增强课程对学校以及学生的适应性，体现课程的民主性和开放性，以此补充国家、地方课程所不及之处。它从学校自身教育理念出发，根据学校发展实际需求和学生个性化成长需求等情况，以校长、教师为主体进行开发与实施。因此，校本课程可以以灵活多样的课程形式出现，这为综合艺术课程的设计、开发与实践创造了更多的可能性。

三、基于戏剧制作的校本综合艺术课程开发的类型定位

《课程与教学新论》中通过图表系统地归纳了校本课程开发的类型，现借助该图表说明基于戏剧制作的校本综合艺术课程开发的类型定位。如图2-1所示。

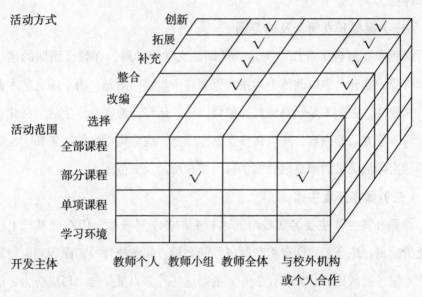

图2-1　基于戏剧制作的校本综合艺术课程开发的类型定位结构模型①

图2-1是由"活动方式、活动范围、开发主体"三大板块构成的一个大立方体，各个大板块里的基本内容纵横交错形成的坐标构成校本课程开发的具体类型。图中打钩的部分便是基于戏剧制作的校本综合艺术课程的开发类型。以下依据该图对基于戏剧制作的校本综合艺术课程开发的类型定位进行简单的描述。

课程的开发主体是以学校部分教师（与艺术专业相关的）为主导，联合

---

① 刘欣、孙泽文、严权.课程与教学新论［M］.北京：中国人民大学出版社，2014：52.

校外专业机构、相关专家共同组建的艺术课程开发小组，活动范围仅限于与艺术相关的部分课程，课程活动方式具有整合、补充、拓展与创新的特点。概括起来就是，由音乐、美术、舞蹈、文学等教师联合校外专业机构、相关专家组建的综合艺术课程开发小组共同开发一个与现行分科艺术课程相互补充的、具有拓展意义的综合艺术课程，它是以戏剧为载体，整合了多门艺术学科的综合艺术课程。

（一）课程开发所涉及的范围

课程主要整合了音乐、美术、舞蹈、文学等学科，在教师团队的建设和教学资源的整合上也以此范围为主。但要进一步说明的是，由于综合艺术课程具有开放性，它除了是学科课程的整合以外，还广泛地联系了生活、文化、情感、科学等方面的内容，所以在整合的范围上，应根据学生的需求和学校教学资源的实际情况灵活调整融合的学科门类和所涉及的范围。

（二）课程开发主体

课程开发主体主要为学校与艺术相关的各学科教师。但在此基础上还应广泛借助来自综合艺术课程组教师以外的力量，如学校领导、课程理论专家、戏剧专家、社区代表、家长代表等。借助这些外部力量并与之形成合力，能够更好地提升课程质量。

（三）课程的特点

课程具有整合、补充、拓展、创新的特点。

1. 课程的整合特点

课程对包括音乐、美术、舞蹈、文学等在内的部分艺术学科进行整合。这个整合既不是盲目地将各科内容层层叠加地拼凑在一起，也不是各个领域知识内容的大杂烩。它是以人文为主线，以培养敏锐的"联觉思维"和准确的"感知能力"为重点，以戏剧制作为载体，探索学科知识间的内在联系，形成科学合理的、具有可操作性的课程体系。

2. 课程的补充特点

现行的分科艺术课程有其不可替代的知识与技能培养方面的价值和作用，但学科壁垒而导致学科之间的知识难以实现联动，课程的人文性得不到很好的体现。基于戏剧制作的校本综合艺术课程作为现行分科艺术课程的补充课程，能够发挥学科联动作用，弥补现行分科艺术课程所不及的人文内容，实现学生艺术能力与人文素养的综合发展。对于现行的各分科艺术课程来说，它能起到"纽带"的作用。

3. 课程的拓展特点

基于戏剧制作的校本综合艺术课程除了能够拓展分科艺术课程所不及的人文内容以外，还可以发挥学科间的联动作用，作为"延伸课程"整合个别文理科目，培养学生多维度思考问题的能力，加深学生对学习内容的整体认知，起到巩固知识的作用。除此之外，艺术课程内容的综合性和课堂的开放性还可启发其他学科教师的教学思路，为教学法的改革和创新提供参考与借鉴。

4. 课程的创新特点

（1）手段创新。"学科整合"是一项大胆的尝试，为不同学科门类的专业教师创建了一个知识交流的平台，促成不同专业教师之间的相互切磋、集体备课、知识共享和共同成长。这种良性的知识互动和不同思维模式间的相互碰撞，能够点燃教师内心深处的创造灵感，同时也填补了各专业教师综合艺术知识的缺口，为他们营造了一个良好的学术氛围。

（2）理论创新。开展和学习综合艺术课程需聚焦于各门类艺术间的"普遍联系"，是对各门类艺术要素的重新组合与运用，因此它是一项极具挑战性和创新性的教学实践活动。课程的创新性也将带给学生一个认识艺术的全新视角，有利于培养学生的创新精神，塑造他们的创造性人格气质。

四、基于戏剧制作的校本综合艺术课程的理念

基于戏剧制作的校本综合艺术课程是在中国学生发展核心素养引领下开

发的课程，课程理念体现核心素养的精神。

2014年3月，教育部颁布《教育部关于全面深化课程改革落实立德树人根本任务的意见》，并将组织研究提出各学段学生发展核心素养体系，明确学生应具备适应终身发展和社会发展需要的必备品格和关键能力。[①] 2016年9月，中国学生发展核心素养研究成果在北京师范大学正式公布。此次核心素养教育体系的确立是对过去素质教育理念的进一步科学、系统的创新与发展，具有实践指导的价值。它不是素质教育抽象概念的扩充，而是一个在内容上具有逻辑关联的系统性框架体系，是实现人的全面发展的具体的素养指标。如果说素质教育是回答"培养什么样的人"的问题的话，那么核心素养则是回答"如何培养"的问题。核心素养以人的"全面发展"为核心，制订了文化基础、自主发展、社会参与三大基本板块，综合表现为人文底蕴、科学精神、学会学习、健康生活、责任担当、实践创新六大素养，具体细化为十八个基本要点（人文积淀、人文情怀、审美情趣、理性思维、批判质疑、勇于探究、乐学善学、勤于反思、信息意识、珍爱生命、健全人格、自我管理、社会责任、国家认同、国际理解、劳动意识、问题解决、技术运用）。[②] 核心素养具体内容的设计与运用是建立在把人作为"整体"的基础上，各素养之间相互作用，每一个板块教育目标的达成都包含其他方面的内容，形成的是一个环环相扣、结构严谨的框架体系。它是个体在具体情境中，思考、解决问题所需的基本素养的集中体现，也是实现人终身发展、健康成长和满足当下社会发展需求所不可或缺的基本素养。如图2-2所示。

[①] 教育部.教育部关于全面深化课程改革落实立德树人根本任务的意见［EB/OL］.（2014-03-30）［2014-04-08］.http://old.moe.gov.cn/publicfiles/business/htmlfiles/moe/s7054/201404/167226.html.

[②] 核心素养研究课题组.中国学生发展核心素养［J］.中国教育学刊，2016（10）：2.

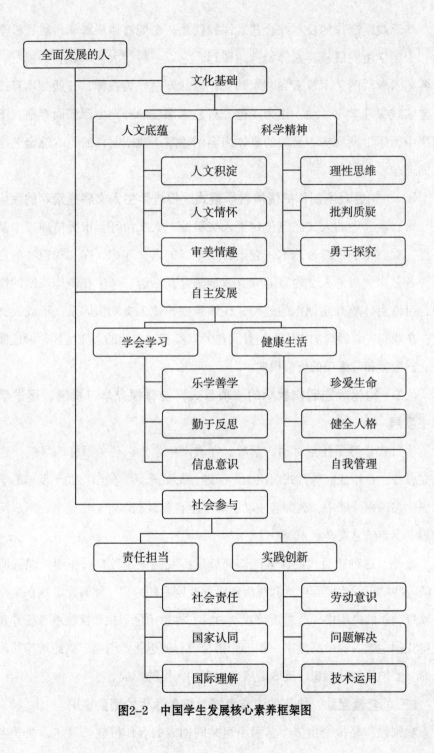

图2-2　中国学生发展核心素养框架图

　　基于戏剧制作的校本综合艺术课程就是一个能够体现跨学科教育教学理念和中国学生发展核心素养精神的课程，它以一种"大艺术观"的视野，整合各艺术学科的艺术要素和艺术知识，以戏剧制作为载体，开展"项目式"综合实践探究学习活动，作为现行分科艺术课程的补充型课程而存在。下面围绕中国学生发展核心素养的具体内容阐述基于戏剧制作的校本综合艺术课程的理念。

（一）构建戏剧制作的情境教学模式，促进学生人文底蕴素养的发展

　　核心素养中的人文底蕴包含了人文积淀、人文情怀、审美情趣三个基本要点。戏剧是一项综合艺术，它蕴含了丰富的人文知识，在"戏剧"的作用下，各艺术学科的人文内容能够有效地融合在一起。学生在制作戏剧的情境中，可亲身体验戏剧创作的过程，在体验中构建人文知识体系，形成人文积淀；在戏剧主题教育的作用下培养其热爱人类精神文化的人文情怀，形成懂得美、创造美和健康美的价值取向。

（二）构建戏剧制作教学的"项目式"合作探究学习机制，促进学生自主发展

　　项目式学习是任务驱动的学习。在教学中学生以任务目标为导向，通过独立思考、合作探究等方式解决实际问题，形成乐学、爱学、勤于反思的学习习惯。在课程开展中，教师应主动引导学生自觉地获取与运用信息，形成网络伦理道德与信息安全意识等。

　　此外，这种项目式的课程能够充分发挥戏剧主题教育的作用。课程所涉及的一些贴近学生实际生活和积极健康的戏剧主题内容，能够让学生在亲身参与项目制作的过程中，通过理解戏剧内容、构思角色形象和换位思考等方式，获得戏剧主题内容中的健康、积极等精神内容的感化与滋养，以此培养其珍爱生命、爱护环境的意识，促成健康、健全的人格的形成。

（三）营造互助、协作的课堂氛围，培养学生的团队意识

　　戏剧制作是一个由多个艺术小组共同构成的合作机制。例如，在学生层

面，团队是由音乐组、美术组、文学组、表演组等构成的，在每个组别内还可以再进行细化分工，构建合作单元，这便形成了由组与组之间和组内成员之间的共同协作模式构建出的课程的基本学习形态。在教师层面，团队是由来自不同专业方向的教师组成的，他们以团队形式开展教研活动，共同协商拟定戏剧主题，制订戏剧制作任务与计划，根据各自的专业方向来指导相关学生艺术小组的学习。教师团队与学生团队之间也是团队协作的关系——教师作为制作团队的组成部分参与到项目制作中，其目的是引导方向和把控质量。教师须充分利用戏剧制作课程所搭建的这种团队合作学习的支架，营造互助、协作的课堂气氛，培养学生的团队意识。

（四）培养学生劳动意识、问题解决和技术运用的实践创新素养

戏剧制作是一项社会劳动，是创作戏剧的过程。综合艺术课程以戏剧制作为载体，在戏剧制作的过程中培养学生的劳动意识、问题解决和技术运用的实践创新素养。

（五）培养学生的责任担当素养

基于戏剧制作的校本综合艺术课程，以戏剧整合音乐、美术、舞蹈、文学、表演等学科，并且广泛联系生活、情感、文化和科技等方面的内容。在确立戏剧主题、选取教学内容以及课程开发与实施的过程中，教师应主动渗透社会责任、国家认同、国际理解和传承中华民族优秀传统文化等方面的价值内容，有意识地培养学生的责任与担当。

（六）建立与核心素养体系相适应的多元评价方式

中国学生发展核心素养是一个以培养"全面发展的人"为核心的目标价值体系，它体现了多元发展的要求。因此，应相应地建立多元评价方式。

在纵向上分别设置诊断性评价、形成性评价和终结性评价的方式。通过诊断性评价分析学生的艺术特长、能力水平和兴趣倾向等学习起点问题，通过形成性评价调整和把控学生的学习过程，通过终结性评价对整个项目实施情况进行最终的反思。

在横向上分别设置教师主导评价、学生自主评价和社会参与评价。教师主导评价主要体现在诊断性评价和形成性评价当中，目的在于发挥教师的引导作用。学生自主评价贯穿于整个纵向评价——引导学生理性认识自己，勇于批判、发现不足、积极完善、建立自信。社会参与评价体现在终结性评价里——课程最终以一台完整的戏剧演出作为评价的依据，戏剧演出的观赏者即是评价者（评价者由学校领导、教师、学生家长、社区人员以及戏剧专家等构成）。这种评价方式是在轻松、快乐地交流与探讨中进行的，有利于学生正确、客观地评价自我，促进其健康发展。

五、基于戏剧制作的校本综合艺术课程开发与实施的依据

基于戏剧制作的校本综合艺术课程依据学生需求、学校资源条件、学校办学目标三个方面进行开发与实施。[①]

（一）以学生需求为依据

学生的需求分为主观需求和客观需求。主观需求与客观需求都呈现出动态和静态的特征。主观需求反映的是学生的主观意愿；客观需求反映的是符合学生发展的客观规律，但未必是其主观的意愿。如图2-3所示。

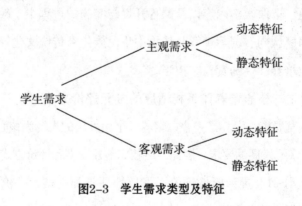

图2-3　学生需求类型及特征

---

① 刘欣、孙泽文、严权.课程与教学新论［M］.北京：中国人民大学出版社，2014：53.

动态特征是指随着学生年龄的增长，知识积累逐渐丰富的过程，具体表现为主观需求的动态变化和客观需求的动态变化。静态特征是一个主、客观需求相对稳定的状态。基于戏剧制作的校本综合艺术课程要依据学生这两方面的需求进行开发与实施。

从学生客观需求的角度看，基于戏剧制作的校本综合艺术课程对实现学生人文素养和艺术能力协调发展、促进其综合素养提升的价值，符合当代学生自身发展的客观需求。这些都是学生未来适应社会发展所必备的素养和能力，无论是否是学生的主观意愿，这种需求都是客观存在的。

学生的客观需求里，同时包含了动态特征和静态特征，其中静态特征是对达成课程终极目标持之以恒的需求状态，学生在不同成长阶段都呈现出这种持之以恒的需求状态。例如，围绕实现学生人文素养和艺术能力协调发展的终极目标，在整个学习生涯中，需依据学生成长过程中各个阶段的需求，设定相应的阶段性目标，在逐步达成各个阶段性目标这个动态的过程中，逐渐向终极目标靠拢。

学生对课程的主观需求是指学生在对自我能力倾向、兴趣和自身发展需要理性认知的基础上，对课程做出主观的好与不好或者喜爱和不喜爱的价值判断。这说明，主观需求直接影响学生对课程的态度。因此，课程开发主体要充分了解学生的主观需求，在内容的选择、编排和活动设计上尽可能地满足学生的主观需求。

学生的主观需求里，也包含动态特征和静态特征。主观需求的静态特征体现在学生对课程表现出长期稳定的喜爱和认同的态度上。动态特征表现为，在时间的变化过程中，随着学生的能力、知识的提高和增长，对课程产生一些实时变化的需求。这种动态的需求是否得到满足，也将直接影响学生对课程的态度。例如，学生主观认为，初次设计实施的课程内容已不能满足自身成长的需求，此时课程开发主体则应依据学生的这一动态的需求及时更新课程内容和调整课程实施策略，否则将影响学生的学习效果。

（二）以学校资源条件为依据

学校的资源条件分为硬件条件和软件条件，基于戏剧制作的校本综合艺术课程必须依据学校的硬件和软件资源条件进行开发与实施。

从学校的软件资源角度看，课程开发与实施的主要负责人，可根据自己和团队的专业倾向有针对性地选择制作的戏剧体裁。例如，在课程开发团队里，美术专业的教师居多，那么戏剧制作就可以选择木偶剧等具有美术性质的戏剧体裁；如果课程开发团队，舞蹈专业的教师居多，则可以选择以制作舞剧为切入点。以此类推，音乐专业为主的教师团队可选择制作音乐剧，文学专业为主的教师团队可选择制作话剧等。

从学校的硬件资源角度看，学校应具备制作戏剧所需的相应的功能场所、器材以及制作工具等。戏剧是由音乐、美术、文学、舞蹈、表演等艺术门类所构成的综合艺术，而对各门艺术进行学习与创作需使用相应的教学器材和制作工具，并在相应的功能场所进行。例如，一场戏剧演出，需要在美术功能室使用相应的工具制作表演道具和演出服装，在计算机功能室进行配乐。

值得注意的是，基于戏剧制作的校本综合艺术课程的最终目的不在于呈现出一台具有超高专业水准的戏剧演出，而在于实现教育的价值。如果某些学校不具备丰富的硬件设施，那么可适当地降低戏剧演出的视听效果，转而把目光聚焦于学生在学习过程中的团队配合的密切度、对戏剧主题理解与诠释的深度、对艺术语言运用的娴熟度和对各艺术要素把握的准确度等方面。

（三）以学校办学目标为依据

校本课程是学校本位的课程，是体现办学理念和办学特色的课程。基于戏剧制作的校本综合艺术课程的开发和实施须以学校办学目标为依据，突出校本课程的特性，发挥校本课程的功能。

六、基于戏剧制作的校本综合艺术课程的开发与实施方式

基于戏剧制作的校本综合艺术课程采取以自主生成为主，以多元合作为辅的开发与实施方式。[①]

（一）学校自主生成的开发与实施

国家课程与地方课程是国家或地方教育行政部门组织相关教育专家共同研制开发的具有统一标准的课程，并通过行政手段对课程实施过程进行指导与监控，学校和教师是课程政策的执行者，非课程开发的参与者，因此，课程开发者与实施者是非统一性的。校本课程是校长或教师立足本校办学理念和实际情况，自主开发的具有适应性的学校本位课程，校长或教师既是课程的开发者，又是课程实施者，开发者与实施者具有高度的统一性，因此，校本课程的开发与实施之间是紧密的互动关系，具有自主生成的特点，"是一种基于教学情境互动开发的方式，即在课程实施活动中，教师、学生在具体的教学情境中与现有课程进行互动并通过对现有课程持续地改造、补充、生成、突破和创新等方式开发出新的课程"[②]。开发程序具体为：初次设置课程——学生反馈——教师反思与课程调整——再次深入实践。

1. 初次设置课程

基于戏剧制作的校本综合艺术课程的开发主体依据学校办学目标，在评估学生发展需求、分析开发主体团队专业结构和评估学校硬件与软件资源等实际情况的基础上，进行首轮课程设计。课程设计要进行深入的调研，确保在现有的条件下能顺利开展。

2. 学生反馈

学生反馈分为主动反馈和被动反馈。学生主动反馈指在课程实施过程中

---

① 刘欣、孙泽文、严权.课程与教学新论［M］.北京：中国人民大学出版社，2014：55.
② 刘欣、孙泽文、严权.课程与教学新论［M］.北京：中国人民大学出版社，2014：56.

由学生主动向课程开发主体反映课程存在的问题，或者开发主体通过问卷调查，或是与学生座谈交流的方式获得的针对课程问题的反馈意见。学生被动反馈指开发主体通过观察学生学习状态，或者通过对学生的学习效果进行评价等方式获取的反馈信息。

3. 教师反思与课程调整

教师通过学生反馈和自己的观察，对课程的开发与实施进行进一步的分析和研究，并制订相应的课程策略，再次对课程进行优化和调整，使课程逐步完善。

4. 再次深入实践

在以上步骤的基础上，课程开发主体再次深入实践，不断完善课程，提升课程质量。

这种师生共同参与的课程开发与实施模式，充分体现了学生的自主性。学生不单是学习的主体，还是课程开发的参与者。这个过程中，学生的兴趣与个性得到充分的尊重，强烈的参与感会促使学生的学习态度由被动接受向主动探究转变。与此同时，"这也给了教师在课程设计与实施上更大的自主权"[1]。他们能够依据学生的动态需求及时调整课程策略，使个体发展需求与课程目标逐步趋向高度统一。

（二）多元合作的开发与实施

在学校主导的基础上，整合多方力量，形成教育合力，进行多元合作的开发与实施。

1. 与戏剧专业机构或专家合作

综合艺术课程以戏剧制作为载体，所以体现了一定的戏剧专业性。与戏剧专业机构或专家合作，是提升课程质量的有效途径之一。对于艺术课程教师

---

① 刘欣、孙泽文、严权.课程与教学新论［M］.北京：中国人民大学出版社，2014：57.

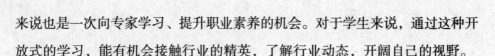

来说也是一次向专家学习、提升职业素养的机会。对于学生来说，通过这种开放式的学习，能有机会接触行业的精英，了解行业动态，开阔自己的视野。

2. 与不同专业教师间的合作

综合艺术课程融合了多个艺术门类的综合性课程，它的开发与实施体现了多学科的协同性特征。仅凭单科教师的专业知识与能力是难以胜任综合艺术课程教学的。综合艺术课程的开发与实施需使音乐、美术、文学、舞蹈、表演等艺术学科有效地融合，进而也要求各艺术学科教师进行密切的合作。

3. 校际合作

学校是实施课程教学的主要场所，与具有相同教育理念的兄弟学校开展合作既实现了资源共享，又获取了课程开发与实施的经验，同时，还能够搭建一个信息畅通的互动交流的平台，促进教师之间的交流，实现资源的合理整合与利用，推动综合艺术课程良性发展。

第 三 章

基于戏剧制作的校本综合艺术课程、戏剧教育和教育戏剧的关系

一、戏剧制作的界定

戏剧制作中的"戏剧"是名词，《现代汉语词典》释文："通过演员表演故事来反映社会生活中的各种冲突的艺术，是以表演艺术为中心的文学、音乐、舞蹈等艺术的综合。"[①] 这个定义抓住了戏剧的基本特征——"综合艺术"与"表演故事"。

戏剧的"综合艺术"特性体现在以下四个方面：

（1）戏剧是由物质要素与精神要素共同构成的文化产品。

（2）戏剧是汇集文学、音乐、美术、舞蹈、表演等艺术要素的综合性艺术。

（3）戏剧是由舞台、灯光、道具、服装、布景、演员形象等视觉要素和台词、音乐、音效等听觉要素共同构成的"视听感官盛宴"。

（4）戏剧作品必须依赖于编剧、导演、配乐、演员和美工等组成的多工种的密切合作，才能呈现。

"表演故事"是戏剧的核心内容。"表演"是戏剧的呈现方式；"故

---

① 中国社会科学院语言研究所词典编辑室.现代汉语词典［Z］.北京：商务印书馆，2012：1398.

事"是戏剧的主线，是戏剧的灵魂，也是戏剧综合的"向心力"所在。可以说，戏剧是把故事情节作为逻辑主干，将其他人文、艺术、科学等要素有效整合，通过表演形式呈现的综合艺术。

戏剧制作中的"制作"是动词，《现代汉语词典》释文："具有制造的意思，用人工使原材料制造成产品。"① 从释文中解读，"制作"一词是以生产劳动产品为目的，针对劳动对象（原材料），在时间发展过程中的劳动行为。

因而，戏剧制作是以舞台表演形式呈现戏剧作品为目的，在一定时间内，以故事情节为逻辑主线，整合人文、艺术、科学等要素，通过戏剧文学创作、统筹策划、导演、音乐制作、舞美制作、服装制作、化装、表演多工种通力合作完成的一项集体创造性劳动。

二、基于戏剧制作的校本综合艺术课程、戏剧教育和教育戏剧

对基于戏剧制作的校本综合艺术课程与戏剧教育和教育戏剧的关系进行梳理，有助于我们准确地把握课程的性质，避免由于"戏剧"这个通用的关键词而混淆概念。

（一）戏剧教育

戏剧教育是涵盖戏剧理论、戏剧舞台表演、戏剧导演、戏剧文学等戏剧专业范畴的教育，是传承和延续人类戏剧知识经验与技能的一项艺术教育，它包括"以培养专业戏剧人才为目的的专业戏剧教育和以普及戏剧艺术为目的的通识戏剧教育"②。

———————————

① 中国社会科学院语言研究所词典编辑室.现代汉语词典［Z］.北京：商务印书馆，2012：1679.

② 徐俊.教育戏剧——基础教育的明日之星［J］.基础教育，2011（3）：68-74.

1. 专业戏剧教育

专业的戏剧教育是以培养戏剧专业人才为目的的教育活动，旨在传承和发展戏剧艺术。专业戏剧教育同戏剧行业的发展动态息息相关。戏剧专业院校是开展专业戏剧教育活动的主要机构，如中国的中央戏剧学院、俄罗斯的国立圣彼得堡戏剧学院、意大利的罗马国家戏剧学院和美国国立戏剧艺术学院等。除此之外，一些综合性大学也开设了相关的戏剧专业。为满足戏剧行业的发展需求，各个戏剧专业院校的戏剧专业课程的设置需与戏剧行业发展相适应，并实施以戏剧知识习得与能力培养为目的的教育活动。在当今高度全球化的经济形态下，戏剧行业也形成了一个具有全球化特点的产业结构。与当下戏剧行业结构遥相呼应，世界各国或地区的戏剧专业课程大致都设置了戏剧文学、表演、导演、戏剧管理、舞美、电影与电视等专业。

除了满足当下戏剧行业发展需求外，专业戏剧教育还承载了传承人类文化遗产的重要使命。例如，戏曲是中华文化里一颗璀璨的明珠，为了更好地传承与发展戏曲，我国设有专门培养戏曲传承人才的院校——中国戏曲学院。歌剧起源于意大利，是欧洲古代最典型的戏剧形态。意大利的罗马国家戏剧学院是享誉世界、历史悠久的戏剧院校，它继承了古罗马戏剧教育的体系，也是欧洲最具权威的歌剧艺术学院，对人类歌剧的传承与发展立下了不朽的功绩，培养了一代又一代的歌剧人才。

专业戏剧教育是直接指向戏剧行业的教育，以满足行业需求、培养行业精英和传承戏剧艺术为主旨。

2. 通识戏剧教育

通识戏剧教育是以普及戏剧知识、提升公民戏剧素养为目的的教育。它有别于专业戏剧教育的精英式培养模式，不要求受教育者成为行业专家，旨在通过普及戏剧知识，宣扬人文精神，提升人文素养，培养适应社会发展的复合型人才。

　　了解通识戏剧教育，首先必须了解通识教育。通识教育又称"博雅教育"，是超越功利性与实用性的教育，是既非专业性，也非职业性的教育。专业教育与通识教育是对"教育"的不同角度的理解。专业教育注重"教"，而通识教育关注"育"；专业教育是以培养专业技能为主的教育，而通识教育是塑造健康人格、造就有责任的公民的教育，也可以说是一种"全人教育"和"人性教育"。

　　通识教育的理念在古老的东西方教育思想中都有所体现。曾任芝加哥大学本科学院院长的美国社会学家莱文（Donald N.Levine）指出，在历史上只有两种特殊的文明重视博雅教育和通识教育，即古代希腊和古代中国。[①] 中国，以"仁、义、礼、智、信、恕、忠、孝、悌"等为核心思想的儒家教育是一种修养内心和完善人格的教育，这种教育可以说是通识教育；古希腊哲学家亚里士多德主张的"自由人教育"，是"一种非功利、致力于人的精神和心灵自由发展的永恒的教育哲学和理想"[②]，许多专家学者认为通识教育的理念滥觞于此。

　　通识教育的确立、命名及其理念被广泛认同，是在19世纪中叶以后。19世纪中叶，现代大学专业化分科愈演愈烈，人们的生活与知识被严重割裂，出现了认知片面化和人格异化现象。此种情况下，培养和造就具有独立思考力、人际沟通力、知识融通力和博雅精神的"全人教育"便应运而生，这就是通识教育。

　　（1）美国通识教育概况。美国是通识教育的先行者，许多国家与地区在规划通识教育的发展上都相继借鉴了美国的有关经验。在美国，围绕社会、自然和人文科学三大板块内容，各大学开展与实施独具特色、种类繁多的通识课

---

① 陈洪捷.中国古代通识教育的传统及其问题——知识的视角［J］.清华大学教育研究，2014，35（2）：25.

② 刘春华、张斌贤.西方自由教育传统之演变［J］.高等教育研究，2015，36（4）：74.

程。例如，哈佛大学就"把通识教育课程分成了八类：审美和解释性理解、文化与信仰、经验与数学证明、道德推理、生命系统的科学、物理世界的科学、世界中的社会、世界中的美国"[①]。

（2）中国通识教育概况。《国内外通识教育课程体系比较研究》一文详细介绍了关于我国通识教育的情况：20世纪80年代中后期推行的素质教育与通识教育虽然名称不同，内涵也有差异，但在塑造健全人格、修炼品德和促进人的全面发展的理念上与通识教育同出一辙。随着我国与国际的互动联系逐渐深入，进入21世纪后，北京大学、清华大学、武汉大学等重点大学开始借鉴国外通识教育的经验。例如，北京大学的通识选课以哈佛大学的核心课程为蓝本，分为数学与自然科学、社会科学、哲学与心理学、历史学、语言学、文学、艺术与美育、社会可持续发展八个领域。通识教育被引入我国的时间虽然不长，但它的某些方面的功能与作用早在我国推行的素质教育实践中就有所体现。由于素质教育面向全体学生，这些功能与作用还覆盖了基础教育阶段，诸如基础教育里的二课堂、劳技活动课程、社团活动、社会实践等，这些虽然是素质教育下的课程形态，但它与通识教育的理念是同出一辙的。

香港地区实施通识教育历史悠久，在长期的实践与探索中形成了适应地区发展的理论体系和独特的形态，具有相当的广度与深度。香港中文大学是最早开展通识教育的大学，把中国的人文精神与西方的博雅教育理念进行融合是其一直秉持的宗旨，可谓是香港高校通识教育的典范。从1963年开始，通识教育在香港中文大学经历了五次实践与改革后，最终以智性关怀为出发点，划分了四个范畴：文化传承，自然、科技与环境，社会与文化，自我与人文[②]，

---

① 梁京、蓝鹰.国内外通识教育课程体系比较研究［J］.电子科技大学学报（社科版），
  2017, 19（5）：104-105.
② 庞海芍、王瑞珍.通识教育在香港［J］.北京理工大学学报（社会科学版），2007, 9：165.

在课程形式上也不拘泥于课堂之内，设置了常规通识课程和非形式学习的通识课程。常规通识课程就是常态的，在固定的场所开展的教学活动；非形式学习的通识课程则比较灵活，课程活动不受形式的限制。例如，开展法制方面的教育，是以通过现场聆听的方式来真切感受司法程序。又如，以周会、月会或舍堂讨论方式进行的通识课程，旨在让学生学会沟通、理解与合作。在香港，通识教育也覆盖了基础教育阶段，其理念与高校通识教育殊途同归，但基于遵循基础教育的规律，在侧重点方面与高校的通识教育则有些差异。基础教育阶段的通识教育被称作"通识教育科"，其宗旨在于：第一，具备广阔的知识基础，能够理解当今影响个人、社会、国家或全球日常生活的问题；第二，成为有见识、负责任的公民，认同国民身份，并具备国际视野；第三，尊重多元文化和观点，并成为能批判、反思和独立思考的人。[①]

以上介绍了通识教育的渊源和理念，并分别列举了美国、中国通识教育的概况，从中不难看出，不同国家对通识教育的诠释各取一隅，并且所呈现的形态也各具特色，但所追求的核心价值——博雅精神与人性教育是一致的。

通识教育不像职业教育那样以培养专业人才为目的。博雅精神与人性教育的核心价值决定了它的目的具有更宽泛的意义。学界目前对通识戏剧教育目标的诠释集中体现在以下两个层面：第一，从态度价值层面，概括为培养文化自觉、传承经典文化精神；第二，从能力素养层面，包括培养创造力、感知力、跨域能力、协作能力、沟通能力等作为一个健康、负有责任的社会人的基本能力。由这些目标导向的课程模式、教学方法也是多种多样的。

通识戏剧教育，就是基于通识教育理念开展的具有普及意义的戏剧教育

---

① 谢世杰.香港新高中推行通识教育科之前瞻性研究［D］.武汉：华中师范大学教育学院，2011：2.

课程。《基于通识教育理念的戏剧教育融入学前师范教育课程的研究——以首都师范大学学前教育学院为例》一文中介绍了通识戏剧教育在幼儿师范教育中的探索与应用。其中围绕幼儿师范教育的特征，通识戏剧课程呈现出以下特点：第一，为培养学生运用戏剧方法与元素的能力而强调对即兴表演、角色扮演、模仿、游戏等方法的学习；第二，为培养学生对儿童戏剧活动的创造能力，将创造性戏剧活动引入课堂；第三，着重培养戏剧教育活动组织者的综合引导能力。[①] 首都师范大学的学前教育是一个在各方面都广泛采用通识戏剧教育的典型例子。在我国的其他高校或基础教育阶段的学校，通识戏剧教育以选修课、公共课、社团、校本课程等形式开展的比较多，课堂内容主要以鉴赏或者表演为主。

综上所述，专业戏剧教育与通识戏剧教育所囊括的戏剧知识范围是一致的，但它们的教育理念和目标的侧重点不同。专业戏剧教育仅对少部分戏剧专业学习者提供专门的教育，以培养行业的从业人员为目的；而通识戏剧教育是对广大的受教育者进行广泛的戏剧知识传授，实现对戏剧初步的实践与体验，追求对戏剧的普遍接触和广泛认知，以培养合格公民和提升人文素养为目的。二者一个从精英教育层面，另一个从普及教育层面共同构成了"戏剧教育"。概括起来说，戏剧教育是围绕戏剧开展的教育活动，具有职业性质的专业戏剧教育，继承和发展了人类戏剧文化；具有普及性质的通识戏剧教育，在宣扬人文精神、传承经典文化上，赋予了戏剧更广阔的使命与意义。

随着戏剧的普及，戏剧所独有的人文性、综合性和寓教于乐的价值逐步被发觉，并慢慢地渗透到了教育领域，衍生出一种"以戏剧为手段"的教育形式——"教育戏剧"。

---

① 张征、崔晔、佟舒眉.基于通识教育理念的戏剧教育融入学前师范教育课程的研究——以首都师范大学学前教育学院为例［J］.学术论坛，2015：144.

（二）教育戏剧

近年来，国内学界越来越意识到戏剧在教育中的地位与作用，戏剧以各种形式走进校园已成趋势。戏剧教育在国外早已流行，并且随着戏剧教育研究的深入与发展，出现了"教育戏剧"的概念。

教育戏剧是一种以戏剧为手段的教育，不同国家的名称和所呈现的形式都不尽相同。我国的"教育戏剧"直译于Drama in Education（简称DIE），最初是指把戏剧方法运用于课堂教学中，但在使用中，它的概念逐渐被泛化了。就目前来看，它已囊括了"DIE""TIE（Theatre in Education，教育剧场）"和"创造性戏剧（Creative Drama）"的范畴。[①]

由于教育戏剧的概念被泛化，目前很少直接将教育戏剧等同于DIE，有学者将其重新命名为"戏剧教学法"。戏剧教学法，顾名思义，"戏剧"在课程中仅仅是达成课程目标的教学方法，并且这种教学方法是"将戏剧与剧场技巧运用于学校课堂的教学方法，通常以创作性戏剧、即兴演出等方式进行"[②]。TIE被译为"教育剧场"，是由专业演员组成的团队，专门针对特定受教育群体而定制的戏剧演出，强调过程的互动性。"创造性戏剧"是美国的以教育为目的的戏剧性教育，"是一种即兴的、非演出的、重在过程的戏剧形式，在此形式中，参与者们在一个领导者的指导下对人类经验进行想象、扮演与反思"[③]。以上这三种教育戏剧的形式都是将"戏剧"从不同角度镶嵌于教育之中，虽然在形式上各有差异，但它们都是以非戏剧的教育为目的，戏剧在其中只是作为"手段"而存在，对戏剧的运用范围来说，主要都是以"想象和扮

[①] 徐俊.教育戏剧的定义："教育戏剧学"的概念基石［J］.湖南师范大学教育科学学报，2014，13（6）：35.

[②] 张晓华.教育戏剧理论与发展［M］.台北：心理出版社，2010：15-16.

[③] 徐俊.教育戏剧的定义："教育戏剧学"的概念基石［J］.湖南师范大学教育科学学报，2014，13（6）：32.

演"的方式为主。

（三）戏剧教育与教育戏剧的关系

在戏剧教育中最容易与教育戏剧发生概念混淆的是"通识戏剧教育"。在非专业、非职业与非公立性的价值导向下，通识戏剧教育的人文内容被扩充，人文价值被放大，这便容易跟教育戏剧的一些"非戏剧内容"的教学目标发生概念混淆。因为，在教育戏剧里，一些"非戏剧内容"的教学目标也体现出了对人文价值的追求，这与通识戏剧教育的人文价值便产生了重合，所以容易发生概念混淆。

虽然通识戏剧教育的人文价值被放大了，但它仍然是以戏剧教育为目的的。而教育戏剧中的"戏剧"仅仅是作为手段与工具，跟通识戏剧教育是有着本质区别的。

"通识戏剧教育"和"教育戏剧"的概念发生混淆还有另外一层原因：任何形式的教育戏剧在实施过程中，都必定会产生戏剧教育的内容，有的还对戏剧专业要求颇高。例如，在TIE里，必须要求经过专业训练的演员参与才能实现。所以TIE中的"戏剧"内容的容量和专业性要高于通识戏剧教育，但它仍然不能属于戏剧教育，因为其根本目的不在于传授戏剧专业知识和普及戏剧，而只是试图通过戏剧的手段使受教育者获得其他方面能力素养的提升。徐俊就曾指出："戏剧教育活动都是以戏剧知识、能力培养为目的的教育活动，教育活动的内容是戏剧知识和戏剧能力。但是，教育戏剧，除了手段借助于戏剧方式之外，教育活动的内容可以是其他任何知识、技能，往往与戏剧无关。"[①] 因此，甄别戏剧教育与教育戏剧的关键点在于"戏剧和教育"哪个是目的，哪个是手段。图3-1就形象地展现了戏剧教育与教育戏剧的关系。

---

① 徐俊.教育戏剧的定义："教育戏剧学"的概念基石［J］.湖南师范大学教育科学学报，2014，13（6）：33.

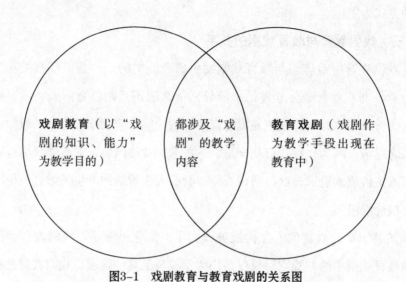

图3-1 戏剧教育与教育戏剧的关系图

（四）梳理基于戏剧制作的校本综合艺术课程、戏剧教育和教育戏剧三者的关系

基于戏剧制作的校本综合艺术课程是以戏剧为载体的综合型的艺术课程，其培养目标体现在以下几方面：学生在艺术与生活、科技、情感、文化之间的联系中获得人文素养的提升，在音乐、美术、文学、舞蹈、戏剧的融合、运用与实践中培养学生跨域能力和整合运用知识的能力，在合作探究学习中让学生学会协作、友善、分享等。这说明基于戏剧制作的校本综合艺术课程体现的是综合艺术教育的价值。纵使在以人为本和促进个体全面发展等方面，基于戏剧制作的综合艺术课程与通识戏剧教育和教育戏剧理念相同，但在培养目标上它们也有着本质区别。

1. 基于戏剧制作的校本综合艺术课程与通识戏剧教育的关系

在戏剧教育里，由于"专业戏剧教育"以培养行业精英为目的，其培养目标聚焦于专业知识与技能上，所以专业戏剧教育易于跟其他戏剧相关的教育区分。但通识戏剧教育的培养目标具有开放性，在理念上跟其他与戏剧相关的教育有交叉和重合之处，所以容易发生概念混淆。

　　若要对基于戏剧制作的校本综合艺术课程和通识戏剧教育的关系进行梳理，必须首先厘清综合艺术课程和通识教育的关系。

　　进入现代化以来，理性主义被不断推向极端，各专业领域的分工被无限制地分化和绝对化，导致了人与社会、文化、自然出现异化危机。在理性主义的冲击下，教育的学科分化也呈现出绝对化与僵化。一方面，受教育者作为潜在的"专业化工具"被教化着，单向度思维和认知片面等负面因素破坏了人格的完整性。另一方面，这种学科分化所产生的"学科壁垒"阻隔了知识的互通，破坏了本应有的"教育生态的平衡"。为此，世界各国都在积极探索以人为本、回归人性的教育。2001年，在教育部颁布的《国家基础教育课程改革纲要》中，关于学科的交叉融合以及教育与自然、社会、生活的广泛联系成为教育改革的亮点。这充分说明了我国的教育开始由"知识本位"向"人本位"转变。尤其艺术教育领域在原有分科制艺术课程的基础上，新增了以发扬中华民族文化传统文化，集诗、歌、舞、画为一体的"乐教"精神的综合型的艺术课程。

　　综合型艺术课程倡导的这种学科融合教育、促进全面发展和以完善人格为主旨的"素质教育"理念同近年来在国内逐渐被认同与重视的"通识教育"理念有"异曲同工之处"。最早提出通识教育的是美国，"在美国的《艺术课程标准》中专门把各门艺术学科之间以及艺术学科与非艺术学科间的内在联系列了出来，强调对人的价值和作用"①。香港地区的通识教育尤为重视学科之间的交叉与融合性探究学习，人与社会、自然的关系以及作为社会公民的责任和健全人格的培养。香港中文大学的通识教育课程根据"'一个人应如何理解自己的存在'，打破学科界限，凸显学科综合特点，设置了科技、艺术与人生，文化与人生等综合型的课程"②。其

---

① 苟洪梅、马云鹏，杨家安.美国艺术教育的特征及启示［J］.学术探索，2013：141.

② 庞海芍、王瑞珍.通识教育在香港［J］.北京理工大学学报（社会科学版），2007，9：165.

中艺术必然是以综合各个领域知识的方式参与课程构建的。在我国一些重点大学的通识课程里都设置了具有综合性质的艺术课程，如北京大学的"艺术与美育"、清华大学的"艺术与审美"以及浙江大学的"文学与艺术"等。①

我国基础教育阶段的综合型的艺术课程，是基于国情和基础教育阶段的学生发展特点制定开发的，它所追求的各门类艺术之间和艺术与非艺术领域之间的融合，促进学生的人文素养和综合能力提升，成就健全人格，获得全方位发展的核心理念与价值等同以上提到的通识教育的理念是高度一致的，因此，它具备"通识教育的特质"。

既然综合型艺术课程具有通识教育的特质，那么，基于戏剧制作的校本综合艺术课程同样具有这个特质。因而我们可这样理解，基于戏剧制作的校本综合艺术课程和通识戏剧教育在育人的理念与价值上是一致的，都表现出了通识教育的特质，并且都包含了戏剧的教学内容。但从课程内容的形式和培养目标而言，基于戏剧制作的校本综合艺术课程和通识教育下的戏剧课程是有着本质区别的。上文提到通识戏剧教育是对广大的受教育者进行戏剧知识的传授，实现对戏剧初步的实践与体验，追求对戏剧的普遍接触和广泛认知。这说明，通识戏剧教育的教学落脚点在于对"戏剧"的教育，课程的形式是围绕对戏剧相关知识的传授展开的，其培养目标在于拓展受教育者的戏剧相关知识面，提升其戏剧素养。而基于戏剧制作的校本综合艺术课程遵循的是综合艺术课程的培养目标，戏剧在其中仅作为课程实施和课堂教学的手段而存在。课程形式是借助戏剧艺术融合音乐、美术、文学等学科知识，广泛联系生活、科技、情感、社会等内容，通过制作戏剧的形式来对综合艺术进行探究式学习。如图3-2所示。

---

① 梁京、蓝鹰.国内外通识教育课程体系比较研究［J］.电子科技大学学报（社科版），
2017，19（5）：104-105.

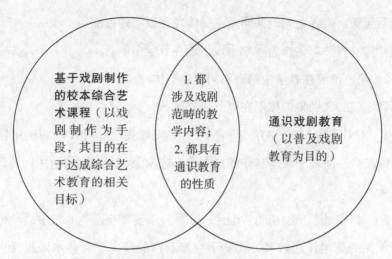

图3-2 　基于戏剧制作的校本综合艺术课程与通识戏剧教育的关系

2. 基于戏剧制作的校本综合艺术课程与教育戏剧的关系

上文提到，教育戏剧主要是通过想象和扮演的方式进行教学。教育戏剧里的"戏剧"在教学中仅作为手段来协助教学，并且教学活动可以是与戏剧无关的其他任何内容。由于基于戏剧制作的校本综合艺术课程是以戏剧制作为载体开展综合艺术教学的，因此"戏剧"在教学活动中也仅是一种手段。在这点上，它与教育戏剧是有"交集"的，只不过基于戏剧制作的校本综合艺术课程的教学活动仅围绕综合艺术的内容开展。这说明，它们在"戏剧"的运用方式和范围上是有所区别的。首先，教育戏剧仅仅考虑戏剧的角色扮演在教育中发挥的作用，而基于戏剧制作的综合艺术课程属于综合型的艺术课程，它关注的是学生通过戏剧制作过程掌握各门类艺术之间的融合与运用，获得跨域能力的提升。此外，作为综合艺术课程，它除了要求各门类艺术之间的融合外，甚至还包括了艺术与非艺术之间的融合，因而它对戏剧运用的方式比教育戏剧更多元，戏剧的角色扮演只是其中的一个环节。其次，教育戏剧在教学活动中对"戏剧"的运用可以拓展至与戏剧无关的其他任何内容；而基于戏剧制作的综合艺术课程的教学活动对"戏剧"的运用仅限于综合艺术课程教学。

概括起来，两者之间的共同点主要体现在以下两方面：

（1）"戏剧"都是作为教学手段出现在教学中的。

（2）角色扮演在教学中都有不同程度的体现。

两者之间的区别集中体现在以下两方面：

（1）对戏剧运用的"方式"不同。"教育戏剧"对戏剧的运用仅限于"角色扮演"，而基于戏剧制作的校本综合艺术课程对戏剧的运用比教育戏剧要更多元。

（2）对"戏剧"运用的"范围"不同。"教育戏剧"的教学活动可以是与戏剧无关的其他任何内容，而基于戏剧制作的校本综合艺术课程仅将"戏剧"运用于综合艺术课程中。如图3-3所示。

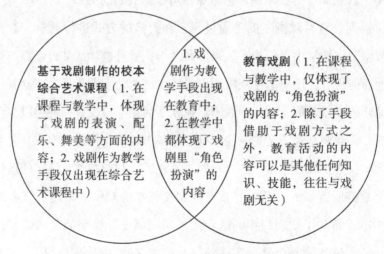

图3-3　基于戏剧制作的校本综合艺术课程与教育戏剧的关系

3. 基于戏剧制作的校本综合艺术课程与戏剧教育、教育戏剧的关系

综合前文的对比与分析归纳出：

（1）基于戏剧制作的校本综合艺术课程、通识戏剧教育和教育戏剧三者在教学内容上都涉及了"戏剧"，但只有教育戏剧将戏剧的"角色扮演"作为主要的教学内容。

（2）基于戏剧制作的校本综合艺术课程和通识戏剧教育在育人的理念与价值上是一致的，都表现出了通识教育的特质，并且二者都包含了戏剧的教学内容；但不同之处在于，前者是以综合艺术教育为目的，后者是以戏剧的普及教育为目的。

（3）戏剧在基于戏剧制作的校本综合艺术课程和教育戏剧中都是作为教学手段出现的，但在"戏剧运用的方式和范围上"有所不同。前者对戏剧运用的方式更多元，但只运用于综合艺术课程的教学范围内；后者对戏剧运用的方式仅限于"角色扮演"一种形式，而对戏剧运用范围则可拓展至与戏剧无关的其他的一些课程教学中。如图3-4所示。

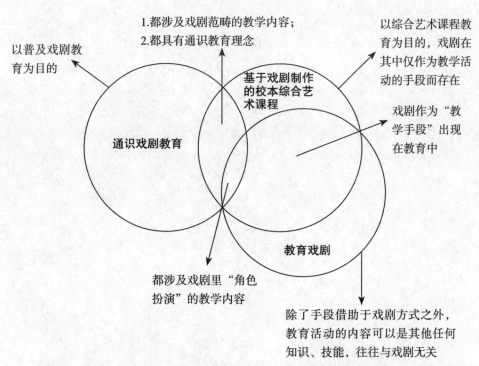

图3-4　基于戏剧制作的校本综合艺术课程与通识戏剧教育和教育戏剧的关系

本章梳理了基于戏剧制作的校本综合艺术课程与戏剧教育和教育戏剧三者的关系，虽然三者都涉及了"戏剧"的教学内容，但在课程的培养目标上有着本质的区别。因此，在开展基于戏剧制作的校本综合艺术课程教学时，我们要牢牢把握综合型艺术教育的培养目标，以免与"戏剧教育"或"教育戏剧"发生概念混淆。在课程的实施和评价上要关注：

（1）学生对各个门类艺术的综合学习与融合运用的效果。

（2）学生运用各门类艺术语言表达戏剧主题内容的准确性与融洽度。

（3）加深学生对各门类艺术要素的理解。

（4）人文素养与艺术能力协调发展，促进学生全面发展。

第四章

艺术之间的"普遍联系"——审美联觉与现象世界之间阴阳、五行的异质同构关系

　　各门类艺术间的"普遍联系"是一个美学范畴的概念。艺术创作是创造美的过程，艺术作品是传递美的媒介。虽然不同的艺术在表达美的方式上有所不同，但它们的起点与归属都在于美。例如，音乐是通过声音传达艺术之美，美术是通过视觉造型传达艺术之美，文学是通过语言文字传达艺术之美，舞蹈是通过肢体动作传达艺术之美。这些不同的传达方式都指向一个共同的目的，即通过外部刺激触动人的内心情感，达到"心物"共鸣。这说明，美既不是单独存在于人类自身的感性系统里，也不是物理世界与生俱来的本质，而是外部形式与内心情感互动契合的结果。格式塔心理学美学的异质同构论，把这一现象归结为"力"的同构。该理论认为："人的大脑中先天存在着一些力的结构式样，比如悲哀、快乐等情感范式。那么，一旦物理界的力的式样，在人的大脑中引起由电脉冲运动所组成的力的式样，与这些情感范式的力的式样对应，外在对象和内在情感便合拍一致，主客一体、物我同一，外在客体也便具有了情感表现性。"[1] 这便是产生美的基础，即主客"力"的同构。对于"物理的'力'，它具有三个要素，即力的大小、方向和作用点"[2]。对于人的情感来说，力则体现在快乐与悲伤、轻松与焦虑等情感范式上。无论是外在物理世

---

① 徐钰愉.格式塔心理学美学"异质同构"研究［D］.南京：南京师范大学，2007：8-9.
② 中国社会科学院语言研究所词典编辑室.现代汉语词典［Z］.北京：商务印书馆，2012：796.

界还是内心情感世界，都具有共同的大小、上下、强弱等阴阳二元矛盾对立统一的辩证规律。这种不同性质的事物所共同具有的"力"的阴阳特性便是"异质同构"，这也是接下来我们探讨艺术间"普遍联系"的基础。

联觉也称为通感，是一种各个感觉之间互动联系的心理现象，它是对外部刺激的一种内心的体验与感受。在一定程度上，它反映了外部客观世界的同构关系，而作为一种心理现象，其本身与外部世界也存在同构。基于这一特性，我们把"联觉"作为本章探讨艺术间"普遍联系"的切入点。

一、联觉的心理学基础

人类对事物的认知诉诸自身的感官系统，即视觉、听觉、触觉、味觉系统，各感官之间只有相互配合才能将外部世界纷扰的现象映射入我们的内心，最终形成对世界的整体的认知。例如，我们通过视觉看到了花绚丽的形象，通过嗅觉闻到了花的香气，这种绚丽的形象与香气交织在一起，使我们内心产生了对花的整体认知与体验，因此花被人类赋予了美好的寓意，用于赞美爱情、寄托祝福等。蛇的外表和声音令人感到恐惧，其毒液甚至可致命，因此，在我们的认知里，它形象是阴险、毒辣的。

艺术源于生活，又高于生活。人类对艺术的审美与创造，都是基于对生活整体的认知经验。这说明，没有任何一种艺术创作或审美活动能够在不借助整体感官认知经验的基础上而独立存在。例如，在听音乐时脑海中所浮现出的一幅幅具有视觉冲击的画面加深了我们对音乐的体验与感受；在观赏美丽的图画时，那绚丽的色彩和柔美的线条就仿佛一段美妙的旋律萦绕在耳边；阅读一篇小说时，心中呈现的是电影一样的视听场景等。这些在欣赏艺术作品时所发生的感官体验相互作用的现象进一步说明了美的感受正是在这种感觉之间的相互联系和感官体验的共同作用下产生的。现代心理学把这种一个感官刺激连带的其他感官的体验称为"联觉"（synesthesia）。

生活中，我们在报刊等媒体上常常看到这样一些关于艺术评论的用词——兴奋与消沉、紧绷与松弛、浓与淡、高与低、快与慢、明亮与暗淡、丰富与单调等,这些字眼在各门类艺术的评论中常被交叉使用。如高与低,除了可以用来描述听觉上声音的频率外,还可以用来描述视觉色调的明暗;同样,明亮与暗淡,除了描述视觉色调外,也可以用来描述关于听觉上声音频率高低的感受;浓与淡,除了可以表达味觉的感受,还可以用来描述视觉色彩的深浅关系和听觉上的丰富与单调等。从以上例子中我们不难发现,虽然视觉、听觉、味觉等来自不同的感官刺激,但它们都能使人产生"高低、明暗、浓淡"等感觉。这些用于描述各种感觉的词语有个共同的特性,即都是用以形容某种感受的"张力"。张力是用以描述力的两级矛盾之间过程性的抽象性概念,人体大脑内兴奋性与抑制性的神经活动即是这种张力矛盾运动的过程。现代科学研究发现,人的感觉体验的强度是人的神经冲动的强度作用的结果,也就是说,这些由不同感官刺激所带来的"高低、明暗、浓淡"等感觉是大脑兴奋性与抑制性的神经活动的结果。关于这一现象,周海宏在《同构联觉——音乐音响与其表现对象之间中介转换的基本环节》一文中推测,大脑兴奋性与抑制性的神经活动可能就是联觉发生的心理机制[1],即当受到来自视觉或听觉等不同感官的刺激时,会激起大脑相应区域兴奋性或抑制性的神经活动,而由这种不同刺激所引发的相同的神经活动状态具有感觉上的相似性,因而在内心就被意识成联觉。这便是产生联觉的心理基础。

在此基础上,我们还可再进一步追问:如果说内在发生联觉的基础是大脑神经的"兴奋性"和"抑制性"物质传递机制的作用,那么这个内在机制是如何与外部世界产生对应关系的?这个对应机制又是什么?若要回答此问题,就必须把人与世界作为一个整体进行思考,寻找人的生命规律与世界运行法则的基点。对于这个基点,先哲们早已进行过思考,并将之称为"原型"。

---

① 周海宏.音乐何须"懂"——面对审美困惑的思辨历程 [M].北京:中央音乐学院出版
社,2011:143-144.

二、审美联觉与现象世界之间阴阳、五行异质同构的分析

"原型"是柏拉图哲学的形式，是一种形而上的理念，是一切物质与精神之始的本源。追根溯源，后期西方很多宗教神学与哲学都能在此找到踪迹。"从历时态看，原型概念的出现及其嬗变，已有两千多年的历史，自柏拉图从哲学角度运用原型概念，这一术语在保留了它最一般的含义的同时，其实际内涵已发生了很多变化，到20世纪荣格分析心理学的建立又将其重新激活"。[①] 在荣格看来，原型是一种集体无意识，即普遍存在的，人类共有的，是自亘古时代起就存在的宇宙形象，它以一种主观体验和客观物象的特殊契合体的方式存在。[②] 所谓主观体验与客观物象的契合体，就是把主客关系看作一个高度统一、相互转化、一体两面的整体，这与老子道法自然和道之阴阳的辩证哲学理念高度一致。荣格是在对集体无意识的研究中揭示原型的，他关于集体无意识的研究深受中国道家思想的启发，处处都体现"道"的智慧。他认为，"道"可以看作集体无意识最为完满的一种原始意象。

关于道，老子曰："人法地，地法天，天法道，道法自然。"这集中体现了老子天人合一的哲学理念，他将人与天地、自然视为一个整体，认为人的生命规律包含在了自然运行的规律中，而自然的运行法则体现的是"道"的精神。从这个逻辑看，人的大脑内部"兴奋性"和"抑制性"的神经活动属于自然的一部分，必定遵循自然之"道"的规律，而脑部的这种神经活动又是产生联觉的基础，由此我们可以认为：人产生联觉的内部机制与外部世界的对应就在于与"道"的同构。

《易传》论"道"："一阴一阳谓之道。""宋人张载认为'无形迹者

---

① 崔诚亮.荣格的原型思想研究［D］.湘潭：湘潭大学，2006：11.
② 同上。

即道,有形迹者即器'。"① 以上两个关于"道"的表述说明,首先,阴阳是"道"的具体体现;其次,"道"是指感官不可达到的,超经验的形而上的本体,与之对应的"器"则是形象的,由本质外化的,感官可以感知的外在形式。综合起来我们可将其理解为,一切现象都是由"道之阴阳"外化的具体形式,而大脑兴奋性与抑制性的物质传递机制作为人类脑部神经活动的一种现象,必然是遵循着"道之阴阳"这一规律的。阴阳是古人通过观察自然界中各种既对立又联系的现象,如天地、日月、昼夜、男女、寒暑、尊卑、刚柔、大小等总结出来的哲学观念。古人以一种天道观审视自然世界,用代表光明的"阳"象征一切事物内部"生发性"的方面,用代表黑暗的"阴"象征一切事物内部"收敛性"的方面,而事物内部矛盾双方相互转化、互为根基和对立统一的运用法则,则以昼夜此消彼长的阴阳运动规律来象征。阴阳的这种类比与象征性就是一切事物间"同构"的基础。从老子天人合一的哲学观念看,触发人类情绪的兴奋性与抑制性的神经活动跟大自然一样,存在着阴晴圆缺的阴阳变化规律,是阴阳对话在人类脑内神经运动的具体形式,跟一切现象事物一样同构于阴阳。总而言之,具有向上发展态势的兴奋性的神经活动同构于阳,而趋于收敛性的向下发展态势的抑制性的神经活动则同构于阴。

在艺术里,这种阴阳对立统一的关系是构成艺术审美的普遍性规律,也是不同门类艺术间对话的渠道(普遍联系)。例如,音乐,作为一种存在于时间的物质震动的物理现象,是随着时间稍纵即逝,在旋律高低起伏、速度快慢相继、节奏长短相异、力度强弱对比的阴阳互动瞬间,通过听觉系统被感知的听觉艺术。美术是以实存于空间的物体造型作为传递艺术家思想感情载体的空间艺术,通过线条起伏与粗细、明暗强度对比、对比色运用、空间透视的远近与大小、雕刻的造型比例、留白与铺满比例等阴阳对立统一的关系进行

---

① 陈竹、曾祖荫.中国古代艺术范畴体系 [M].武汉:华中师范大学出版社,2003:13.

视觉传达的。文学艺术内容丰富，涵盖面广，几乎所有自然现象都可以运用语言进行抽象的符号化对应，其中，"道之阴阳"关系处处可现。舞蹈在动作的动静、虚实、快慢、幅度大小与呼吸的长短等阴阳变换中将情绪层层渲染，撩动心弦，给人以震撼的肢体艺术[①]。戏剧属于综合感官艺术，戏剧矛盾冲突、情节布局、演员情感的张力等都体现了这种阴阳辩证的关系。以上各门类艺术要素中的高低起伏、力量强弱、色调明暗、张力大小、矛盾冲突与解决等阴阳对立统一的关系，既是各门类艺术间同构的基础，也是艺术的"力"的样式与人的大脑神经的"兴奋性的"和"抑制性的"物质传递机制之间同构的基点。

（一）联觉的阴阳异质同构二分法

上文指出，兴奋性与抑制性的神经活动是人内部产生联觉的心理基础，它与外部世界是以阴阳同构的方式存在着的。下面在此基础上，将联觉置于阴阳哲学的思辨中进行深入的探讨。

"异质同构"是阴阳哲学的思辨方式，原则上一切具体事物都是"同构"的，因为一切具体事物都包含了阴与阳对立统一的特性。但就事物具体矛盾而言，其自身矛盾的主次情况又各有不同，各种现象错综复杂，千姿百态，性质各异。这就是同构而异质[②]。伏羲画卦，以"__ __"（阴爻）代表阴，以"_____"（阳爻）代表阳。他把阴爻和阳爻通过不同的排列组合来作为一类现象范畴的抽象的指代符号，在此基础上，从阴阳推演至四象卦，再由四象卦演变成八卦；在西周时期，周文王最终将之进一步推演至六十四卦，以象征万事万物，揭示事物变化的规律。下面简单列举些对应伏羲四象卦"异质同构"现象范畴的例子，见表4-1。

---

① 宋晓.浅谈舞蹈中的情感表达——增强舞蹈表情性，增加舞蹈艺术美 [J].西昌学院学报·自然科学版，2011，25（4）：100.

② 张今.东方辩证法 [M].郑州：河南大学出版社，2013：74.

表4–1　伏羲四象卦异质同构列表①

名称	卦象	四季	方位	月相	颜色
太阴	⚏	冬	北	月亏	玄（黑）
少阳	⚍	春	西	上弦月	白
太阳	⚌	夏	南	月盈	朱（红）
少阴	⚎	秋	东	下弦月	青

以表4–1中的太阴象为例。太阴由两个阴爻组合而成，相较其他三个卦象（少阳、太阳、少阴）来说，它是至阴的，象征一切具有"至阴"属性的事物。在四季、方位、月相和颜色上，虽然"冬天、北方、月亏、黑色"这四项都是不同性质的事物，但是都同构于"太阴"。因为，四季里冬天是相对最冷的，中国北方相对寒冷，没有月亮的夜晚周围都是漆黑的，黑色属于冷色调，这些都体现了"至阴"的属性。在此基础上，从艺术审美的角度思考，那些色调暗淡的美术作品、下行的音乐旋律线、文学作品里用以描述负面内容的语汇，虽然都是不同门类和不同性质的艺术，但都具有"阴"的属性，我们可以认为，它们与同属"阴性"的人的大脑神经"抑制性的"物质传递机制是"异质同构"的。

若大脑神经兴奋性或抑制性的神经活动是导致正面或负面情绪的动力源，那么当某感觉器官受到某艺术作品（听觉或者视觉艺术）的消极内容（阴性的内容）的刺激，作用于大脑抑制性的神经活动时，被激起的负面情绪会促使大脑联想到以往一些消极的经历与场景画面，此时我们的各个感官记忆中不美好的部分，会在这种不美好的场景画面联想中被再次唤醒，从而产生感觉间的互通的联觉体验。那些能够激起负面情感的"艺术作品消极的内容""大脑抑制性的神经活动"和"被负面情绪所唤起的各个感官体验的记忆"，虽然都

---

① 张今.东方辩证法［M］.郑州：河南大学出版社，2013：74.

属不同性质的事物，但它们之间逻辑上的因果关系链则是以"阴性"同构的。同理，"阳性"的联觉体验也遵循这样的原理。由此可进一步说明，大脑内部的"联觉机制"与"外在的艺术形象"是以"阴阳异质同构"的形式对应的。

（二）联觉的五行异质同构五分法

老子曰："道生一，一生二，二生三，三生万物。"这说明，"道之阴阳"是反映事物变化最底层的逻辑。但现象世界纷繁复杂，是一个多层次、全方位、纵横交错的复杂整体，仅从阴阳哲学的角度去探索是不够全面的。为此，中国古代的先哲们用智慧点亮前行的道路，他们把复杂的现象世界进一步归纳为"金、木、水、火、土"五种基本要素，即五行，并以这五种要素间相互滋生、制约和联系的关系来进一步揭示事物间的发展规律。五行同阴阳一样，采用"异质同构"类比的思辨方式，阴阳属二分法，五行属五分法。在"生克一体"的核心理念上，五行跟阴阳对立统一的观点同出一辙，它们在目的和理念上高度统一。阴阳与五行的合璧运用，拓宽了中国古人探索世界的领域，创造出璀璨的中华文明，可以说华夏民族的哲学、自然科学、医学、文化和艺术等都肇始于此。

下面对两者关系进行分析。

阴阳和五行具有逻辑联系。因为，阴阳作为一切事物内部矛盾对立统一的规律，是普遍存在的"原型"，它以阴爻和阳爻两个最基本的符号来象征一切事物现象存在背后的逻辑起点，并以不同排列组合的卦象来象征现象事物存在的方式和演绎它们变化的规律。而五行以五个具体物质元素作为象征符号，它是能在阴阳排列组合的卦象上找到相对应依据的，所以，其逻辑起点也必定是阴阳。

五行相对阴阳来说更具象。五行的五个物质元素符号作为阴阳外化的具体现象，在实际运用中虽然也是被抽象化为象征性的符号，然而相对阴阳来说它更具体和直观。

相较抽象的"阴、阳"二分法来说，以"金、木、水、火、土"五个具体物质元素来对现象事物进行象征与类比，更能直观地表达事物间相互滋生与制约的关系。现就结合实例进一步阐释联觉在五行上的异质同构，揭示艺术间普遍联系的规律。

表4-2借助古人的五行类比的经验总结，列举视、听、味、嗅、触五观感以及情绪体验的五行范畴归类，结合实例，探析联觉在五行上的同构规律。纵向排列代表五观感和情绪体验所对应的五种基本感觉；横向排列代表五行属性中各感官感觉的五行属性归类。

表4-2　五行异质同构列表[①]

五行同构	卦象	触觉（身）		视觉（眼）	味觉（舌）	嗅觉（鼻）	听觉（耳）	情绪感受
		五行	五恶	五色	五味	五臭	五声	五志
木	震、巽卦	木	风	青（绿）	酸	膻	呼	怒
火	离卦	火	热	赤（红）	苦	焦	笑	喜
土	坤、艮卦	土	湿	黄	甘	香	歌	思
金	乾、兑卦	金	燥	白	辛（辣）	腥	哭	悲
水	坎卦	水	寒	玄（黑）	咸	朽	呻	恐

朱自清在散文《歌声》中对音乐会做了这样的描绘："昨晚中西音乐歌舞大会里'中西丝竹合唱'的三曲清歌，真令我神迷心醉了。仿佛一个暮春的早晨，霏霏的毛雨默然洒在我脸上，引起'润泽'，轻松的感觉……我立的一条白矾石的甬道上，经了那细雨，正如涂了一层薄薄的'乳油'……这时在花园里。群花都还做她们的清梦。那微雨偷偷洗去她们的尘垢，她们的'甜软'的光泽便自焕发了……涓涓的东风只吹来一缕缕饿了似的'花香'……于是为歌所有。此后只由歌独自唱着，听着；世界上便只有'歌声'了。"朱自清在文中描述音乐会时利用联觉，多方位立体地将音乐作品描绘得栩栩如生，其中

① 秦泉.易经大全［M］.北京：外文出版社，2012：383.

有触觉上的"细雨的润泽"、嗅觉上的"花香"、味觉上的"甜"、视觉上的"乳油"与听觉上的"歌唱"。这些感观的感受都同属于表4-2中五行"土"的范畴。这说明，"中西丝竹合唱"里的三曲清歌，是一首温润、甜甘、较为舒缓的曲子，此类曲子具有五行里"土"的属性，同构于"土"的范畴。

贝多芬《#c小调奏鸣曲第一乐章》（见图4-1）表达了他与恋人朱丽叶塔·圭查蒂恋爱失败后痛苦的心情。全曲由小调三连音和声伴奏音形的滚动贯穿始终，加之低沉、幽暗的主旋律，让音乐整体呈现出沉静、悲伤、凄凉的基调，仿佛能听到悲痛的吟诵。德国诗人、音乐评论家莱尔斯塔在聆听乐曲后评论："听了这首作品的第一乐章，使我想起了瑞士的琉森湖，以及湖面上水波荡漾的皎洁月光。"此后，出版商根据这段评论，给《#c小调奏鸣曲第一乐章》加上了《月光曲》的标题。在此曲中，听觉感受到的"悲痛的吟诵"，整体情绪上"悲伤"的基调与乐评人在聆听时浮现在脑海中的皎洁月光的"白"色，产生了视听对应的联觉。在表4-2中五行"金"的范畴可以得到体现。

图4-1 《#c小调奏鸣曲第一乐章》

挪威画家爱德华·蒙克的画作《呐喊》（见图4-2）表现了"生命、爱情和死亡"的主题。画中，毫无暗示引发尖叫恐怖的背景与扭曲变形的尖叫者产生了对比，传达出一种与世隔绝的孤独的恐怖。作者在画面布局上体现了表4-2中五行"水"的范畴。首先，画面里湍急的河流运用"色调偏黑的深蓝色"，河流的颜色与表4-2中恐惧的情绪是相对应的。其次，尖叫者衣服的颜色也是使用"偏黑的深紫色"。最后，尖叫者扭曲呐喊的表情让人似乎透过画面就能听到那恐怖的呻吟声。这些都对应五行中的"水"。

图4-2 《呐喊》

以上通过实例从阴阳、五行异质同构的角度剖析了内在联觉与外部现象发生对应关系的规律。联觉是各感官感觉之间互通的内在机制，人类对艺术美的感受都是基于这种感觉之间的相互联系与作用而产生的。从内在的感觉体验来说，联觉是连接各类艺术美感的共性机制，而联觉与外部世界的对应关系，我们通过阴阳、五行加以取象比类，这便是我们用以探寻艺术之间的普遍联系的基础——审美联觉与现象世界之间阴阳、五行的异质同构关系。

联觉是普遍存在于每个人身上的一种感受，它下意识地作用于我们的日

常行为中。"但是，人有了联觉感受，不一定有联觉能力，不一定能将这种感知上升到意识层面"。[①] 我们开展综合艺术教育的其中一个重要意义就在于能够将联觉这种下意识的心理活动上升至意识层面，有意识地培养学生的联觉能力，使联觉能在学生的艺术审美与创造活动中发挥积极作用。

———————————————

① 李贤军.审美联觉中的感觉转换探析［J］.毕节学院学报，2006（3）：2.

第 五 章

基于戏剧制作的校本综合艺术课程的
课程与教学形态

基于戏剧制作的校本综合艺术课程，是一个由项目任务驱动的项目式课程；是一个在戏剧制作的情境中，学生综合运用艺术知识解决实际问题的实践性课程；是一个将戏剧、音乐、美术、舞蹈、文学等学科进行融合并开展实践性教学的纽带式课程。因此，其课程与教学形态有别于常态的艺术学科课程。它突出课程与教学目标的整体性、课堂的开放性、"教"的引导性、"学"的自主性和学习方式的合作探究性。

一、核心素养下对三维目标的再认识

三维目标是指教育教学过程中应该达到的三个目标维度，即知识与技能，过程与方法，情感态度与价值观。其三位一体，促进学生全面发展的教育理念体现了新课改的精神。三维目标自提出以来，就受到了广泛认同，并被迅速推广到基础教育领域。然而，时至今日，三维目标在实践中却遭遇着各种尴尬的处境，其中最为突出的问题是在教学实践中三维目标的整体作用未能得到充分发挥。许多学者都对此进行了大量的研究与分析，其中最具有代表性的是张艳的《三维目标在教学实践中尴尬处境的归因及对策》。她认为造成三维目标的整体作用无法充分发挥的原因有四点：

（1）一些教师对三维目标的理解存在错误，把本应通过全部课程的学习而逐步实现的中长期的课程目标误解为课堂教学的短期目标，因而使三维目标之间相互割裂，无法整体发挥作用。

（2）一些教师把教学目标分开进行表述，进而导致三维目标难以有效整合而无法整体发挥作用。

（3）三维目标缺乏有效的载体。

（4）传统、单一的评价方法对三维目标的评价缺乏适切性。

前两个原因都属于认识偏差——一些教师把中长期的课程目标误解为课堂教学的短期目标，这必然导致他们在课堂内为了体现三维目标整体性而忽略三维目标内在的逻辑联系，进而把三位一体的目标机械地分割为"三种目标"来表述。对此，只要能够加深对课程目标与教学目标的认识，厘清它们之间的关系，把三维目标置于课程目标的高度，在课程目标的指导下进行教学目标的设计，该问题就迎刃而解。对于后两个原因，张艳在文中建议：用精心设计活动的载体来有效整合三维目标，用设计多元评价的方式来促进三维目标有效达成。笔者认为，这两个建议是促成三维目标有效达成的理想途径，但在以学科课程为主导的课程形态下能为三维目标提供有效的活动载体和实行多元评价的空间有限。因为，学科课程诞生在社会知识领域细化分工的工业时代背景下，为满足社会发展需求，课程目标必定要凸显基础知识与基本技能"双基目标"的作用。因此知识属性与学科本位是学科课程本质所在，它们决定了无论从教材内容的编制还是教学方式抑或是课程的评价模式，对认知性能力素养培养的比重都要远远大于对非认知性能力素养的培养，这必然会迫使教师不得不把主要精力用于对事实性知识的传授上，因而，三维目标的作用与功能就不能在其中很好地得到发挥。因此，在常态的学科课程里，三维目标难以整合、内部失衡、对三维目标的评价缺乏适应性、显性目标与隐性目标顾此失彼等问题层出不穷。这一现象集中体现为三维目标对促进学生个体全面发展的目的与当下学科课程知识目标单一性之间的矛盾。对此，我们不应截趾适履，把三维目标生搬硬套在本应以知识传授为主导的学科课程的课堂里，这既违背了学科课程的规律，也不能凸显三维目标的价值。但我们亦不能把学生看成"知识的存储

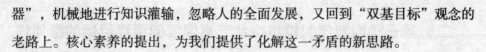

器"，机械地进行知识灌输，忽略人的全面发展，又回到"双基目标"观念的老路上。核心素养的提出，为我们提供了化解这一矛盾的新思路。

"21世纪的工作，知识植根于情境，且分布于共同体之中，而非抽象的、孤立于个体的。"[①] 经济合作与发展组织就是基于对未来社会"情境复杂性"的预判而提出适应未来社会发展的人的核心素养。这说明，核心素养的本质是个体应具备的解决未来社会"情境中"复杂问题的关键能力与品质。这些关键能力与品质，体现的是一种解决实际情境中具体问题的"综合性的能力"。学科课程作为建立学生知识基础的堡垒，为学生的能力素养与情感态度的进一步发展奠定了坚实的知识基础，是构成核心素养体系的地基。但是，学生仅仅通过对学科知识的隔离式学习是无法获得这种"综合性的能力"的，它需要教育者构建一个"情境"——学生在其中能够实现对已有学科知识的融合与运用，获得综合能力的提升。

基于戏剧制作的校本综合艺术课程便是在此意图下开发的课程。在核心素养的系统思维下，三维目标的过程与方法、情感态度与价值观的目标维度并不脱离知识与技能的目标维度，它们是整体划一、共同发挥作用的。因为核心素养的形成须基于情境的本质，决定了学生在运用知识进行探究性学习的过程中会生成相应的能力和态度价值。因此，站在核心素养整体观念的立场上，对个体能力和态度的培养不能止步于学科课程，它需要我们立于课程顶层设计的层面，从课程与课程间的衔接、融合、搭配去整体思考三维目标的达成——设置与学科课程相配套的"拓展课程"，让有效的活动载体和多元评价在此课程中得以实现，最终与学科课程形成合力，达到提升个体核心素养、促成个体全面发展的终极目的。

①张华.论核心素养的内涵[J].全球教育展望，2016（4）：20.

二、基于戏剧制作的校本综合艺术课程的课程目标的整体性特点

在核心素养引领下，基于戏剧制作的校本综合艺术课程所构建的戏剧制作情境能够促使学生在已有的艺术知识与技艺的基础上进行有效的探究性学习，获得艺术能力的提升和艺术视野的拓展，并在与情境反复对话的过程中最终形成相应的艺术素养。

中国学生发展核心素养应将立德树人的教育方针细化成一个辩证统一的教育价值体系——"一个核心、三个方面、六大素养、十八个基本要点"，其涵盖对人的"德、智、体、美、劳"整体素养的全面发展要求。因此，在核心素养框架体系的导向下，与之对应的课程目标也应是一个全面、立体的目标体系。美国课程理论家舒伯特（W.H.Schubert）将课程与教学目标归结为四种形式取向的目标：

（1）指向国家教育方针与教育宗旨的普遍性目标。

（2）侧重知识与技能的达成，突出"学会"的行为性目标。

（3）体现过程与方法，指向"能力培养"，突出"会学"的生成性目标。

（4）彰显个性发展、创造力、情感力，突出"乐学"的表现性目标。[1]

以上四个目标形式，虽然都有各自的价值取向，但在面对新时期社会发展对人的主体价值与整体素养的要求时，还需将它们综合起来，形成一个有机整体，这样才能凸显课程目标的价值。首先，"普遍性目标所给出的课程与教学目标是一般性的教育宗旨与原则"[2]，是具有普遍指导意义的目标取向，其目标价值渗透于行为性目标、生成性目标和表现性目标之中，它对应核心素养里的核心理念——培养全面发展的人。其次，行为性目标与生成性目标互为

---

① 刘欣、孙泽文、严权.课程与教学新论［M］.北京：中国人民大学出版社，2014：84-87.
② 同上。

表里，都指向学生的认知型素养的发展，前者属于显性的目标，侧重知识的积累，凸显了核心素养里的文化基础；后者属于隐性的目标，侧重对学习过程与方法的掌握，突出学生自主发展。最后，表现性目标指向学生的非认知型素养，它主要突出学生情感、态度、价值观等方面的素养，体现了作为一个社会人的终极的价值追求，它所对应的是核心素养里社会参与方面的内容。这四个目标形式取向的有机整合不仅是现代教育关于个性发展和人本教育的价值追求，也是中国学生发展核心素养内在逻辑的体现。

综合艺术课程是在素质教育的理念下诞生的新型课程，中国学生发展核心素养是在素质教育理念基础上具体化的教育价值体系。因此，综合艺术课程宏观层面的普遍性目标必然指向核心素养的价值理念，即培养全面发展的人。基于戏剧制作的校本综合艺术课程中的"基于戏剧制作"既是课程实施的活动载体，也是具体的情境模型。在这个情境中，制作一台戏剧是一个显性的目标，即行为性目标，该目标会引导学生把在各艺术学科课程里所学的知识与技能进行有效地交叉、融合运用。在此过程中，知识与技能将会得到进一步的巩固，学科素养也会逐渐获得相应地提升，这便体现了核心素养里文化基础的价值。戏剧制作是一个多工种合作的机制，在这个机制的作用下，能够有效促使学生之间的交流与合作，不断产生思维和观念的碰撞，学生的交流、探究、协作等隐性能力也会在其中获得有效地锻炼。这些内化的、隐性的和不可量化测评的能力的提升，便是课程的生成性的目标所驱动的，它指向核心素养的理性思维、批判质疑、勇于探究、乐学善学、勤于反思等基本要点。学生围绕戏剧主题进行艺术创作，其创造性思维能从中得到锻炼，个性也会得到充分释放，并且积极正面的戏剧主题还具有陶冶情操，培养国家认同感、社会责任感和促进形成积极健康人格的功能。这便是基于戏剧制作的校本综合艺术课程表现性目标所发挥的作用。

三、基于戏剧制作的校本综合艺术课程的课堂开放性特点

开放式课堂是针对过去封闭式课堂提出的新课堂观，它是在建构主义教

育哲学思潮下形成的课堂教学新理念。

建构主义课堂构建的是一个基于问题情境的课堂教学形态，课堂中充满民主、互动、协作的气氛。它改变了传统课堂里那种隐含的集权式的师生关系，教师的角色由传授知识经验的绝对主导者，转变成学生构建学习主题，设计问题支架，与之一同参与问题探究，协助其解决问题的引导者。由此，学生的学习方式则由被动接受变成主动探究。这样一来，学生的主体性便得到充分的显现。

这种以围绕情境解决实际问题为导向的教学，将打破传统的课堂时空观念，课堂教学目标的达成不再以单位时间内获取的知识量来衡量，而是以完成主题和解决问题为核心，去灵活地设定时间。此外，由于这种学习方式具有问题和情境多样性的特点，因此，在教学空间（教学场所）的安排上也是相对灵活与机动的。

基于戏剧制作的校本综合艺术课程的课堂，体现了建构主义课堂的开发性特点：

（1）学生主体性得到体现。在课堂里，学生再也不是端坐着被动地接受知识了，而是围绕着戏剧制作的情境，在戏剧制作所构建的平台上主动收集信息、获取知识、深入探讨、发现问题、研究问题和解决问题，建构自我的知识体系。

（2）课堂时间和空间具有开放性特征。课堂，具有时间和空间双重属性。课堂时间又称课时，是课程活动开展所需的单位时长。课堂空间指教师与学生开展课程教学活动的场地。在传统课堂教学中，班集体、课堂时间和课堂空间是相对固定的，如在某时段的某间教室或校园的某个角落里正在进行某学科的教学活动。基于戏剧制作的校本综合艺术课程的课堂打破了传统课堂的这种"时空"观念，它根据戏剧里各艺术环节学习条件的需要，在同一课时内，将班集体进行小组分工，把不同"工种"的艺术小组分配到不同功能的课室开展学习活动。例如，配乐组可在计算机房进行探究学习；表演组可在舞蹈练功房进行合作排练；舞美组可在美术功能教室进行美术设计与制作的合作探究实践学习；编剧组可以在校园的某个环境优美的角落里寻找创作灵感，进行创作，而教师和导演组可进行全程的协调、指导与监控。

（3）学生的学习时间和学习方式具有开放性的特征。学生开展课程活动不局限于在校时间。在校时间，学生根据要求完成任务；非在校时间，学生也可根据实际情况组织小组成员继续开展任务，还可通过网络或其他通信工具与专家或教师进行互动。

（4）课堂对外开放。可邀请戏剧艺术相关领域的专家走进课堂进行指导，学生也可走出教室，参加社区戏剧活动，参与社会戏剧交流活动。

四、基于戏剧制作的校本综合艺术课程合作探究式学习的特点与组织架构

建构主义理论是基于戏剧制作的校本综合艺术课程合作探究式学习的理论基石。建构主义理论是后现代主义哲学中的教育哲学观，起源于心理学家皮亚杰的发生论，它既是一种行动，也是一种方法。"情景、协作、会话和意义建构是建构主义的四大属性"。[①] 建构主义认为，知识不是被动地接受，而是在情境中，通过主动参与、获取信息和在与外部环境进行社会性互动中建构起来的。在基于戏剧制作的校本综合艺术课程里，戏剧制作是劳动情境的写照，它为学生的学习提供了劳动分工的角色支架与合作平台。学生通过亲身投入戏剧制作，发现戏剧制作过程中的问题，并通过合作寻求解决问题的策略。在反复的实践中，慢慢建构属于价值、意义与能力的内化型的内容。

探究式学习相对探究式教学而言，在教与学两方面都具有探究特点。后

---

① 罗德红、李志厚.课堂教学与管理艺术［M］.北京：中国言实出版社，2014：132.

现代主义教育哲学观认为："师生关系是一种相互尊重、自由、开放、平等的对话和交流的关系。"[①] 基于戏剧制作的校本综合艺术课程合作探究式学习的教学过程是围绕着戏剧制作展开的，教师以组织者、协调者的角色参与到戏剧制作当中，而非以往高高在上的课堂掌控者的角色，学生与教师之间、学生与学生之间是平等合作的关系。课堂也是在这种合作交流的机制下构建的，充满平等、互助、协商、思维碰撞等民主的学习氛围。在课程中，学生可根据自己的兴趣特长、戏剧艺术要素等进行分组，如可分为编剧组、导演组、配乐组、舞美组、表演组等。还可根据现实需要在各艺术要素组里再进行细化的分工，如舞美组还可以细分为道具制作组、服装制作组、舞台设计组等。这个由戏剧制作搭建起来的天然的合作平台，为学生创设了情境、提供了协作与交流的渠道，促使学生在与外部环境的互动中进行知识结构同化或顺应的建构（见图5-1）。

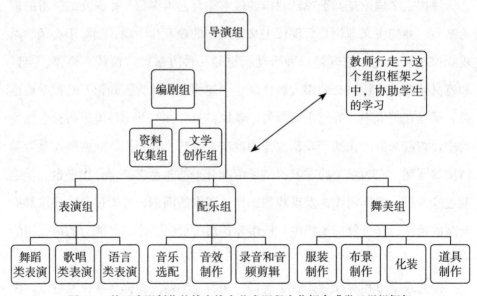

图5-1　基于戏剧制作的校本综合艺术课程合作探究式学习组织框架

---

① 贺国庆、何振海等.战后美国教育史［M］.上海：上海交通大学出版社，2014：167.

五、基于戏剧制作的校本综合艺术课程的课堂教学评价特点

（1）在传统的课程评价观念里，将单位时间里一堂课的目标达成度与课堂的完整性作为课堂评价的重要衡量指标。基于戏剧制作的校本综合艺术课程的课堂不以单一课时的知识获取量和课堂的完整性来狭隘地评价学生的学习效果，而是将学生的人文素养与艺术能力的可持续发展作为参照坐标来衡量和评价课堂效果。所以，基于戏剧制作的校本综合艺术课程是以阶段性任务或终极任务的达成实效为主导，合理规划时间段来进行评价的。例如，将一学期分成三个阶段来完成某部戏剧的制作。首先，在第一阶段终结时，进行第一次的任务验收与评价；其次，根据验收的效果灵活调整下阶段的任务，并依次进行；最后，在第三阶段结束时，以一台完整的戏剧演出作为学期的总评价。至于每月内每周、每日、每节课时的任务安排、验收和评价，可由组内学生负责人根据实际情况与组员协商、共同制订。这种学生主导参与的评价方式能够有效促进学生学习的积极性和提升学生学习的时效性。

（2）构建以最终演出效果为依据的总结性评价和以学生学习过程为依据的过程性评价相结合的多元评价方式。基于戏剧制作的校本综合艺术课程除了对最终演出效果进行评价外，还将对学生学习过程进行评价——主要对戏剧制作过程中学生对主题理解的深度、表达主题内容的精准度、艺术要素掌握的程度、合作探究策略的可行度与合作探究活动的配合度等方面进行多角度的评价。这种将结果和过程相结合的多元评价方式，能够有效促进学生知识与能力的协调发展。

六、基于戏剧制作的校本综合艺术课程中教师的可持续发展性

目前，缺乏综合艺术教师人才是综合艺术课程推行受阻的重要原因之一。现从基于戏剧制作的校本综合艺术课程的课堂教学模式角度出发，探讨综合艺术课程教师发展的可持续性。

基于戏剧制作的校本综合艺术课程的教师在课堂教学中担任的主要角色是戏剧制作的组织者、戏剧制作任务的设计者、学习小组和部门合作的协调者、制作过程的监督者等。这些角色特点无疑弱化了作为全科式艺术教师的身份，教师更多的是以组织者的角色参与到教学中，这样便减轻了分科艺术教师跨专业领域授课的压力，同时也避免了由于受到专业的限制，在教学上出现力不从心的尴尬局面。教师可根据自己所属专业选择带领学生制作相应的剧种，如语文老师可组织学生制作话剧，舞蹈老师可组织学生制作舞剧，音乐老师可组织学生制作音乐剧，美术老师可组织学生制作木偶剧等。

同时，课程的教研团队是由各个艺术专业领域的教师所组成的，他们之间可通过开展教研活动相互学习，弥补各自艺术领域知识的缺口，促进自身综合艺术素养的提高，实现综合艺术教师职业能力的可持续发展。再者，课程的开放性也为教师提供了现成的学习与交流平台。在课程开展中，学校可定期邀请戏剧领域的专家入校指导，这对于艺术教师而言无疑是一次学习与成长的机会。

七、基于戏剧制作的校本综合艺术课程项目式教学法定位

（一）项目式教学法的理论背景

在现代职业语境下，项目通常指由一系列既独立又相互联系的任务群所构成的终极目标任务，它必须由各领域的专业人员通过合作，在特定条件范围内（时间、预算、资源限定内、依据规范），通过"资讯、计划、决策、实施、检查、评估"等过程来达成项目目的。项目式课程，则是以教育为目的，基于项目情境，把项目开展的"资讯、计划、决策、实施、检查、评估"这一完整的行动过程移植到教育中，形成特定的教育模式。研究项目课程先驱者之一的克伯屈对项目课程进行过系统地研究。他的课程理论是在实用主义哲学家杜威的问题教学法基础上发展而来的。杜威的问题教学法旨在以儿童为中心，

促进儿童自主发展。他认为，"学校主要是一种社会组织。教育既然是一种社会过程，学校便是社会生活的一种形式。让学生从实践活动中求学问，即'做中学'，强调以活动为中心"[1]。依据"做中学"的教育理念，克伯屈提出了项目（设计）教学法的概念，并把项目（设计）课程限定于问题解决领域。"'设计'的原先意义，是指个体自己计划、运用他们已有的知识和经验，通过自己实际操作，在实际情境中解决实际的问题。这也是1918年以前美国教育界公认的'设计'的界说"。[2]

从克伯屈的项目（设计）教学法的概念中我们可以解读出：项目课程是一个行动导向的课程，具有很强的实践性；它是以项目目标（要完成的任务和在任务中需解决的问题）为驱动，促进学生自主制订工作（学习）计划，通过合作探究等方式，完成具体任务，解决实际问题。

（二）项目式教学法定位

基于戏剧制作的校本综合艺术课程采用项目式教学法，它构建的是一个"项目式"的合作探究学习平台。基于戏剧制作的校本综合艺术课程，是以戏剧制作的方式开展教学活动的。戏剧制作实际上就是一个任务目标明确，需要多方面通过合作来完成任务的集体项目。在项目的任务目标引导下，由学生制订计划，运用已有的知识与经验，通过实际操作，在实际情境中解决实际问题，完成课程项目任务。由于项目是由若干个任务活动组成的，任务活动又是由若干个问题构成的，所以，在"任务目标和问题导向"的驱使下它能有效地为学生搭建一个开展合作探究学习的平台。

"基于戏剧制作"是课程开展教学活动具体的项目情境的样式，它是模拟戏剧制作这一社会职业劳动过程，是一个在"做中学"的过程。戏剧主题即项目主题。戏剧作品最终的呈现成果（戏剧演出）是项目的根本任务和总目

---

① 王莉妍.基于项目式学习的小学低年级识字教学研究［D］.广州：广州大学，2016：2.

② 瞿葆奎.教学（上册）［M］.北京：人民教育出版社，1988：335.

标，在根本任务和总目标导向下的各个工作模块任务和阶段性目标构成了项目的整体框架。学生在此项目框架下自主完成信息的收集、方案的设计、项目的实施及最终的评价等环节。

在课程形态上，基于戏剧制作的校本综合艺术课程与艺术学科课程有所不同但又相互联系。不同在于，艺术学科课程注重对事实性知识的学习，它是以知识逻辑编排课程内容，课程边界在于学科领域；而基于戏剧制作的校本综合艺术课程，课程内容是依据项目逻辑编排的，课程边界在于项目本身。联系在于，虽然项目式教学法体现实践性，注重能力素养的习得，但它必须以学科知识为前提，只不过学科知识内容在其中不再以学科领域划分，而是在项目的目标导向下，各领域知识被融合在一起，它们之间形成的是一种相互配合的关系。所以，在进行项目课程内容的编排时要充分考虑每个学段学生的知识储备和学科课程知识内容情况，按实际情况设计与编排课程的内容。例如，由于低年级学段学生的学习能力相对较弱，可以有针对性地选取语文课本里的某篇课文片段作为剧本改编的对象。首先，语文学科课程知识内容的编排是符合学生年龄段认知规律的，它便于学生在戏剧制作过程中理解、接受与运用。其次，这种片段式的戏剧制作对戏剧剧本的创作要求较低，同时还大大降低了戏剧音乐的选配难度和服装道具的设计难度。最后，由于仅仅是对戏剧片段的展现，所以在排练演出上可以集中呈现某个故事情节，刻画某一两个人物的特点，这也大大降低了戏剧情节的复杂性和对不同人物复杂情绪刻画的难度。

"伯曼把课程中的'项目'划分成五种类型：有结构的项目、与主题有关的项目、与体裁有关的项目、模板项目和开放性项目"。[①] 按照这一划分，基于戏剧制作的校本综合艺术课程应属于与主题有关的项目。戏剧是一个主题

---

① 徐国庆.学科课程、任务本位课程与项目课程［J］.教研理论，2008（10）：10.

性的艺术，通过音乐、舞美、表演等艺术元素的配合再现故事情节，表达主题内涵。因此，它是以主题为中心，通过各个艺术模块相互配合，共同搭建的主题项目。

此外，基于戏剧制作的校本综合艺术课程的主题项目模式还具有发散式特点。所谓发散式特点是指戏剧制作与实体产品的项目制作有所不同，实体产品具有工序上的先后顺序，而制作戏剧时，为达到戏剧呈现的最终目标，各个艺术模块小组的活动是相对同步进行的，不可能出现绝对的先后顺序，这便要求在时间上，各艺术模块的教学活动相对同步。在空间上，基于戏剧制作的教学具有相对独立性，这是因为不同的艺术活动形式若出现在同一空间内会相互干扰。

以上是对基于戏剧制作的校本综合艺术课程的项目式教学法的定位。下面进一步阐释它的实施模式与策略。

八、基于戏剧制作的校本综合艺术课程项目式教学法实施模式与策略

基于戏剧制作的校本综合艺术课程的项目式教学法的实施分为项目启动、项目执行、项目结题三个环节。

项目启动是课程开展的准备与设计的阶段，在此阶段，首先，要确定实施课程的学段，并对该学段的学科课程内容进行研究。对该学段学生的相关知识储备情况进行摸底调查，依据该年龄段学生的身心特点进行设计与开发，以便制订与之相适应的戏剧制作项目。其次，要对学生的艺术兴趣和特长进行调研，以便进行个性化的艺术模块小组的编排。最后，要引导各艺术模块小组制定任务与目标。

在项目执行环节，首先要引导学生理解戏剧主题内涵，参与剧本创作，然后围绕故事情节选配或者创作音乐、制作服装道具、进行表演排练等。在此阶段，学生若遇到技术瓶颈，可增设专门的技术课程予以支持。

项目结题环节由作品展示和项目评价两部分组成。作品展示是以一台完整的戏剧演出呈现。项目评价需设计与三维目标相适应的多元评价体系，它除了以戏剧表演效果作为衡量指标外，还需同时关注整个戏剧制作过程中形成性目标的达成率。

（一）项目启动

1. 对学生的知识储备情况进行摸底调查

在确定课程开展的学段后，需对该年龄段学生的知识储备情况进行摸底调查与分析，所设计的课程内容应适应学生年龄段的身心特点，并与该学段学科课程保持紧密的联系。

知识是一切能力培养的根基，没有知识作为基础，培养能力与提升素养便是"无米之炊"。特别是实施项目教学，它需要学生在已有的学科知识的基础上通过合作探究开展项目学习。因此，学生知识储备情况是项目课程设计的重要参考依据之一。了解学生知识储备情况，主要通过综合艺术学业水平测试的方式进行。

综合艺术学业水平测试以作答试题的方式进行。试题设计要遵循以下原则：

（1）试题内容应同时融入音乐、美术、文学、舞蹈、表演等学科的知识，这样有助于了解学生整体的艺术知识结构状况，是进一步对学生进行艺术能力倾向定性评估的有效参考指标。

（2）为准确反映学生艺术知识掌握的情况，所选取知识内容的范围应以当下学段为主，但还需涉及以往学段的部分知识内容。

（3）试题内容除了涉及各学科专业理论知识外，还包含各学科理论知识背后的人文内容，如某位作曲家或画家身处的时代背景和所创作作品的时代特征等。因为戏剧是一项综合艺术，戏剧制作除了需要学科知识的相互配合以外，在某个层面，人文素养决定了戏剧质量水平的高低。

戏剧制作需依据学生年龄段的身心发育特点进行合理的设计与开发。

（1）选择易与该年龄段产生共鸣的题材。

（2）在戏剧制作中，某些环节的技术难易程度要适合该年龄段的学生。例如，初二学段的学生正处于变声期，在表演上应避免让他们去尝试一些情绪张力大的角色，避免过激的情绪带动声音，造成声带损伤。

（3）戏剧主题与内容要具有励志性，要渗透社会主义核心价值观等积极的内容。对处在价值观形成期的学生来说，引导他们形成积极健康的价值态度尤为重要。

基于戏剧制作的校本综合艺术课程作为现行艺术学科课程的补充与拓展型课程，它与艺术学科课程密不可分，在设计戏剧项目时，无论从知识内容的难易程度还是知识范围的选择上，都要与学科课程进行紧密的衔接，不然则失去了其作为补充与拓展课程的意义。此外，学科课程属于国家课程，课程内容的安排应体现国家意志，因此，作为补充和拓展型课程，基于戏剧制作的校本综合艺术课程的设计与开发应秉持这一原则。

2. 分析与梳理艺术学科课程知识结构

在课程实施前，对开展学段的学科课程进行分析与梳理，有利于合理地设计与制订项目任务和目标。基于戏剧制作的校本综合艺术课程是融音乐、美术、文学等学科于一体的综合型的艺术课程。戏剧制作是课程实施的载体，其核心价值在于通过戏剧制作让学生掌握与巩固各科的知识，培养相应的能力，形成正确的态度与价值。若脱离该学段的学科课程去另辟蹊径，随意选取内容，便违背了课程的初衷。所以，分析与梳理该学段艺术学科课程知识结构能让我们始终与课程目标保持一致。

值得注意的是，分析与梳理艺术学科课程的知识内容应以时代背景为主线，整合音乐、美术、文学等学科。任何艺术作品都具有时代属性，因为艺术家的创作会受到身处时代思潮、社会环境、技术水平、文化形态等因素的影响，而这些影响会反映在艺术作品上。因此，以时间（时代）为轴，对同时期各个领域的艺术作品进行整理与分析，能让我们更清晰地理解潜藏在各门类艺术背后的共性基础和相互联系的本质。所以应从时间（时代）背景出发，从历史时间、历史事件和历史人物的角度去分析与梳理艺术学科课程知识。例如，在某学段，音乐学科涉及浪漫主义时期的音乐作品，那么，我们可以继续到美术学科、语文学科里去寻找该时期的相关作品。在此基础上，我们还可以继续去搜寻整理该时期与这些作品相关的主要历史事件、关键人物以及这些关键人物在事件中起到的作用。按此进行梳理，我们将逐渐形成一张对各时代艺术全息的认知图式。只有基于这种认知图式，我们对音乐、美术、文学等艺术的融合与运用才是合理的，才能够做到有的放矢。在此基础上开展的基于戏剧制作的校本综合艺术课程，也将会促进学生逐步建立起对各时代艺术全息的认知图式，为他们进一步学习艺术打下良好的基础。

3. 评估学生艺术兴趣、特长与艺术能力倾向

对学生艺术兴趣、特长与能力倾向进行调查是开展戏剧制作项目、进行合作探究学习、实现个性化发展的必要前提。戏剧制作是一个合作机制，一台完整的戏剧作品是由导演、编剧、表演、配乐、服装道具、灯光音响等环节相互配合完成的，每个环节都具有各自的专业性与不可替代性。从戏剧专业性角度出发，为各环节安排合适的职业人员，各司其职是决定戏剧成败的关键因素。从教育的角度出发，将拥有不同艺术特长和兴趣爱好的学生安排至合适的位置，除了能够让合作探究学习顺利开展外，还能够充分发挥他们的潜能，实现个性化发展。

评估学生的艺术兴趣、特长与能力倾向，可以通过以下三个渠道进行考查：

（1）依据综合艺术学业水平测试的结果。

（2）开展艺术特长展示活动。

（3）实施问卷调查。

根据考查结果再进行综合定性的评估。

学生的综合艺术学业水平测试成绩，在一定程度上反映了他们的艺术理论知识结构情况。例如，某位学生在美术板块所取得的分数比文学、音乐、舞蹈等板块的分数要高，说明该生平时对美术的关注度较高，可初步判断该生相对热衷于美术艺术，对美术具有一定的兴趣，但是否具有美术特长还得通过特长展示进一步分析。

艺术特长展示是了解学生艺术特长和能力倾向的一项重要指标。由于艺术特长的考查具有一定的专业性，为全面了解学生艺术特长情况，在艺术展示活动中要求各科艺术教师同时参与，进行评价。艺术特长展示活动可以以多种形式开展，如艺术专场竞赛、班级文艺会演和艺术技艺测试等。

问卷调查主要对学生的艺术兴趣、特长和能力的自我认知情况进行调查。问题设计应至少涉及以下六大方面：

（1）把你对每门艺术学科的热爱程度由高至低进行排序。

（2）你认为自己最擅长哪门艺术？

（3）你学习与接触哪门艺术的时间最长？

（4）你对哪门艺术最了解？

（5）若让你选择一份关于艺术的职业，你倾向于哪种？

（6）在基于戏剧制作的校本综合艺术课程中，你希望参与哪个艺术模块小组？

将以上三个维度的调查结果进行综合分析，最后形成一份关于学生艺术兴趣、特长和能力倾向的定性评估报告，以此报告作为下一步编排艺术模块小组的参考依据。

值得注意的是，在最后进行综合分析的时候可能会出现个别学生的兴趣爱好与其展现出来的艺术特长和能力倾向不一致的情况。这可能是学生好奇心使然或者是其他因素改变了他们最初的兴趣。对于这部分学生，教师要对其进行深入的了解与沟通，协助他们根据自身潜能与特长正确选择艺术模块小组。

4. 编排艺术模块小组

戏剧制作是一项有组织、有目的的社会职业劳动。一台成功的戏剧演出依赖于一套严谨、高效和统一的工作部门组织架构——剧组、编剧、演员、舞美、配乐。

依据学生艺术兴趣、特长和能力倾向的定性评估报告，对学生进行艺术模块小组编排。

（1）剧组

剧组是以导演为核心、由各个职能部门负责人共同组成的核心指挥部门。它的主要职能是构思戏剧创作方案、制订工作计划、制订演出策划案等。

剧组中对导演的选择至关重要。导演组应由艺术能力相对全面，富有创造力、人格魅力和领导力的学生组成。为保证戏剧质量和制作工作顺利开展，指导教师也应以导演组成员的身份参与其中。

（2）编剧组

编剧是剧本的创作者，主要职责是以文字表述的形式对戏剧故事进行整体设计与编创，所创作的剧本是戏剧制作各个部门参照的蓝本。剧本既可是原创故事，也可对已有的故事进行改编。

编剧属于文学范畴，应安排具有文学艺术特长的学生担任。

（3）表演组

演员是通过台词、表情与肢体动作的表演来传达剧本的情感和意图的专职人员。从戏剧职业的角度来说，演员必须由职业人员担任。但从教育运用的角度出发，由于角色扮演能够为学生提供一个表现自我和释放内心情感的机会，因此在演员的安排上，除了要考虑具有兴趣和天赋的学生以外，还应考虑那些确实需要通过表演来获得帮助的学生。

因为学生在表演中能够学会如何控制和运用情绪，懂得如何换位思考，学会理解与包容等，能够获得共情能力的提升。目前，教育戏剧、心理治疗戏剧等已逐渐在社会上普及开来，目的就是依靠戏剧表演的这一独特的作用来帮助那些需要得到帮助的人。

（4）舞美组

"舞美制作是布景、道具、服装和化妆等制作的统称。"[①] 它属于美术艺术范畴，戏剧演出中的一切视觉效果都依赖于舞美制作。它也是戏剧制作中工作最烦琐、任务量最大，并且在最后的戏剧演出中还需要同各环节进行紧密、同步的配合的部门。它除了要求参与人员具备一定的美术方面的专业特长外，还需要他们具有与其他部门进行协调与配合的机动性。因此，在舞美组的编配上应进行细化设置，分出相应的布景组、道具组、服装组、化妆组等。在人员选择上除了考虑具有美术特长的学生外，还需安排一些执行力强的学生参与其中。

（5）配乐组

当音乐作为艺术作品被欣赏时，我们对音乐的理解是主观的，是非语意性的。但当音乐作为戏剧的配乐时，它起到的是推动故事情节、营造环境气氛、烘托戏剧主题的作用。此时，音乐的指意性和功能价值需得到充分的体现。因此，学生进行戏剧配乐的学习过程实质是一个对音乐深度理解与学习的过程，它需要学生在对音乐节奏、速度、旋律、调式和风格等要素进行深入的理解与分析的基础上，发挥音乐的实用性功能，将音乐运用到戏剧当中。一般意义上，为戏剧配乐多为原创音乐，但从教育运用的角度出发，由于学生尚处于学习阶段，大多数学生未具备音乐创作的能力，即便有个别学生具有相当的天赋能够创作音乐，但为特定的戏剧内容创作音乐对于他们来讲还是具有一定的挑战性。因此戏剧配乐应以选配为主，引导学生首先读懂剧本，理解作者意图，在此基础上去剖析音乐，为剧情和戏剧主题搭配合适的音乐。

除了编排对音乐具有浓厚兴趣和具有音乐特长的学生组建配乐组外，还

---

① 马述智.对影响戏剧制作关键因素的分析与研究［J］.中国戏剧学院学报——戏剧，2016
（6）：109.

应鼓励其他组别的学生共同参与到对配乐的学习与探究过程中，其一方面能够逆向地去激发学生深入剖析剧情内容；另一方面能够有效地促进组间的探究与合作。

编排各艺术模块小组是项目启动阶段的一项重要的准备工作，除了要考虑学生的兴趣特长，让他们各司其职，发挥应有的作用，保证戏剧制作的质量外，还需从教育的角度出发，让每个环节都尽可能地覆盖更多的学生，让需要得到帮助的那部分学生获得教育。

5. 制订戏剧主题

戏剧主题要依据开展课程学段的学生年龄特点和该学段各艺术学科课程的知识范围制订，主题内容要积极健康，能够体现社会主义核心价值观。制订戏剧主题分为搭建戏剧形态框架，依据中国学生发展核心素养确定戏剧题材，构思戏剧的题目三个步骤。

（1）搭建戏剧形态框架

戏剧是一门综合艺术，其表现形式多种多样，通常某一戏剧作品会呈现出多维的戏剧形态。因此开展基于戏剧制作的项目课程，有必要先了解戏剧的形态，找准所制作戏剧的形态的定位，明确制作的方向。

戏剧是一门古老的艺术，在漫长的历史演变过程中，产生了许多戏剧形态。[1] 日本戏剧理论家河竹登志夫在其著作《戏剧概论》中将戏剧形态分为了十个类别，见表5-1。

表5-1　河竹登志夫戏剧形态分类表[2]

分类方法	类型形态
按历史时代分类	原始剧、古代剧、中世纪剧、近代剧、现代剧、先锋剧等

---

[1] 顾春芳.戏剧学导论［M］.北京：北京大学出版社，2014，2：6.

[2] 同上。

分类方法	类型形态
按传播媒体分类	一般戏剧、木偶剧、假面剧、幻灯剧、连续剧、电影、广播剧等
按表现要素分类	科白剧、哑剧、舞剧、音乐剧、朗诵剧、交响戏剧、全体戏剧等
按情节开展分类	悲剧、喜剧、笑剧、悲喜剧、流泪戏剧、情节剧等
按表现手法分类	写实剧、诗剧、叙事戏剧、表现主义戏剧、象征主义戏剧等
按戏剧动因分类	命运剧、境遇剧、性格剧、心理剧等
按内容要素分类	神话传说剧、历史剧、传奇剧、民间传说剧、寓言剧、市民剧、社会剧、家庭剧等
按主要场面分类	奇迹剧、复仇剧、恋爱剧、人情剧、怪诞剧、推理剧等
按戏剧目的分类	政治剧、宣传剧、宗教剧、祭祀剧、公共剧、教育剧、娱乐剧、慰问剧、儿童剧、学校剧、工厂剧等
按剧场形式分类	野外剧、室内剧、圆形剧场剧、流动戏剧、无形戏剧等

河竹登志夫的戏剧形态分类法尽管比较详细，但也只是对戏剧形态进行了横向的分类，并没有进一步考虑类别之间重叠与交叉的因素。以音乐剧为例，在表中它归属于"按表现要素分类"，但就"情节开展"分类来说，它还可被分为悲剧、喜剧或笑剧等；根据"内容要素"分类，它还可能是一部神话传说剧或者历史剧等。所以，对戏剧形态的认识应该树立一个"一体多面"的整体观念，在开展戏剧制作课程前，首先应选择一个形态类型作为切入点，然后再把其他形态嫁接进来，以此来构建制作戏剧的形态框架。

如从戏剧的"表现要素分类"切入，构建所制作戏剧的形态框架思路为：首先，确定制作"表现要素"类别为"朗诵剧"；其次，以此为核心，依次嫁接"戏剧目的"类别里的"儿童剧""情节开展"类别里的"悲剧""内容要素"类别里的"寓言剧""戏剧动因"类别里的"心理剧"等。这便构成了以朗诵为表现形式，适合儿童观看的，剧情内容跟心理有关，并带有寓言性质的，属于悲剧体裁的戏剧形态框架。如图5-2所示。

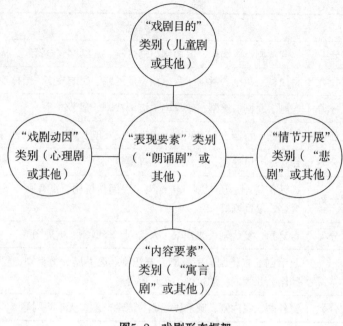

图5-2　戏剧形态框架

（2）依据中国学生发展核心素养确定戏剧题材

中国学生发展核心素养体现了新时期国家教育方针的精神，是指导教育实践的蓝本。基于戏剧制作的校本综合艺术课程，必须紧跟国家教育发展趋势，促进学生核心素养发展。

中国学生发展核心素养里的十八个基本点涵盖了对人的知识基础、自我成长和社会参与全方面发展等的要求。其中"社会责任、国家认同和国际理解"等基本点都是情感与价值教育的好题材。基于戏剧制作的校本综合艺术课程，应充分发挥戏剧"主题教育"的功能，让学生在主题实践探究活动中相关知识和能力得到成长的同时，体悟主题的价值与意义，树立正确的情感态度与价值观。

（3）构思戏剧的题目

依据构建好的戏剧形态框架和所确定的题材范围构思戏剧题目，戏剧题目不能超越题材范围，要能够集中体现戏剧的主题思想。

（二）项目执行

项目执行环节是课程正式开展探究学习的阶段。教师引导学生制订戏剧制作策划方案、创作剧本、根据剧本设计舞台布景、制作服装与道具以及根据戏剧故事情节进行配乐、开展表演活动、排练和舞台合成。

1. 制订戏剧制作策划方案

戏剧制作是指从创作剧本到舞台呈现的工作过程。在戏剧行业里，通常在确定剧本后，制作人才依据剧本制订"演出策划案"。演出策划案是"戏剧制作发起人根据可调配资源的状况，在了解观众或委托方需求的基础上，对制作戏剧演出的内容和形式及整合制作资源的策略进行一番规划的方案"[①]。若将戏剧制作运用于教育，关于演出策划案的概念则应做相应调整。首先，由于创作剧本是开展戏剧制作课程教学中的一个不可缺少的环节，因此在教育运用中，策划案应将创作剧本纳入其中。由此可见，这是一个包含剧本创作在内的一套"戏剧的制作策划方案"。其次，戏剧制作发起的主体是教师，因为教师是课程开发和实施的主体，课程一切教学资源都是由教师整合和调配的。再次，所谓的"调配资源"指的是制作人对资金与人脉进行优化配置，而运用在教育里，这个概念则应体现为教师所获得的政策支持和优化教学资源配置等状况。最后，专业的戏剧制作是以观众和委托方的需求为依据的，而运用在教育里，则是依据教育规律和目的进行的。因此在教育里，戏剧制作策划案是依据不同学段学生的身心发展特点和该学段艺术学科课程知识范围来对戏剧制作的内容和形式进行整体规划的方案。

2. 创作剧本

剧本是戏剧制作中各个艺术模块开展工作所依照的蓝本。各个艺术模块

---

① 马述智.对影响戏剧制作关键因素的分析与研究［J］.中国戏剧学院学报——戏剧，2016（6）：107.

小组的最终目的在于尽可能真实地还原剧本里的故事，将其变成戏剧演出作品呈现出来。戏剧制作离不开剧本，而剧本能否成功转化成戏剧演出作品，则依赖于戏剧制作的成功与否。由于戏剧制作需要剧本、策划、导演、表演、配乐、舞美多方面因素通过相互配合才能顺利开展，因此，在进行剧本创作时需要将戏剧制作的各方因素和条件都考虑在内，引导学生创作具有可操作性的剧本。

剧本创作的形式有两种：一种是原创性剧本创作，即故事情节完全由作者本人构思撰写的；另一种是改编式剧本创作，是将文学原著改编成剧本形式的创作。基于戏剧制作的项目课程受到来自学生的学习能力、学习时间等因素的限制，因此在创作剧本时应将这些因素都考虑在内。例如，由于低学段学生的知识储备和人生阅历较少，难以胜任一些情感复杂、篇幅较大的戏剧，所以，在低学段开展戏剧制作项目课程时，建议就地取材，将语文课本里的文学片段改编成剧本，这样既能够做到与学科课程紧密衔接，起到巩固学生相关的学科课程知识的作用，又能大大降低学生制作戏剧的难度。通过这种方式开展剧本创作就更具操作性。

剧本的本质是讲故事，即戏剧的叙事。但如何讲，不同的主体有不同的叙事方式。通常，编剧是通过情节、人物、主题、语言、结构、场面等文学要素描绘故事的，即文学文本叙事；而导演则站在排演合成的角度，通过造型、画面、调度、色彩、气氛、节奏等舞台要素来表达故事内容，即排演合成叙事。这两种叙事方式是一度创作和二度创作的关系，是创作意图与表现手法的关系。[①] 为达到戏剧的内容与形式高度统一的效果，在进行戏剧制作时，编剧组成员在完成剧本创作后，还需积极参与协助导演和其他艺术模块小组理解创作意图，让二度创作工作顺利开展。

---

① 顾春芳.戏剧学导论［M］.北京：北京大学出版社，2014.

3. 前置课程与技术支持课程

设置有针对性的前置课程和技术支持课程是开展戏剧制作项目课程的有力保障。

（1）前置课程。前置课程是指在实施戏剧制作前，对学生进行专门的培训，包括技术培训和艺术学科融合课程。

技术培训指在进行戏剧制作前，根据每个艺术模块的特性对这些小组成员进行相应的技术培训。例如，对配乐小组的成员进行配乐软件使用的培训，教授舞美小组的成员关于布景制作等的相关知识，针对表演小组开设专门的表演课程。

艺术学科融合课程是融入了各门类艺术基本要素的课程，其目的是启发学生感悟各门类艺术要素之间的普遍联系。在对事物普遍联系具有一定的认知的基础上能够更好地激发人的想象力和创造力，能为进一步开展戏剧制作活动作铺垫。具体形式是让学生为某戏剧片段里的旁白搭配相应的音乐与图片，或者为某段音乐搭配相应的图片和撰写应景的文字，并进行真情实意的表演性朗诵。这也可以说是进行戏剧制作的一个简单的预备课程。

（2）技术支持课程。技术支持课程指针对学生在戏剧制作过程中遇到的技术瓶颈，增设相应的技术培训课。

4. 合作探究学习

基于戏剧制作的合作探究学习是围绕戏剧主题和剧本故事开展的。编剧、导演、表演、舞美、配乐等工作板块是通过戏剧主题进行整合的。因此，这是一种基于主题的合作探究学习，它具有以下几个特点：

（1）是任务导向的合作探究学习。

（2）在组织架构上具有民主集中的特点。

（3）由组间合作和组内合作两部分构成。

首先，戏剧制作项目是在总任务驱动下，由若干子任务构成的任务系统。具体表现为，在戏剧演出的总任务下将任务划分为导演任务、编剧任务、表演任务、服装制作任务、道具制作任务、舞台布景设计与制作任务、制作音效任务、制作配乐任务等。各艺术模块小组只有各司其职，在完成各自板块的任务的基础上，才能将戏剧搬上舞台。其次，这套任务系统是依托一套强有力的工作人员组织管理制度去运行的，具体的工作组织架构在"基于戏剧制作的校本综合艺术课程合作探究式学习的特点与组织架构"里已有体现，在此不再赘述。由于戏剧制作项目是在总任务驱动下由若干子任务构成的任务系统，所以应相应地采取民主集中制的运作方法——以导演为核心，导演对各艺术模块小组进行任务分配、监督与指导。各艺术模块小组与导演之间是以探讨、协商的方式进行互动的。"民主"体现在与导演进行探讨与协商上，而"集中"应体现在各小组的创作意图和呈现方式需按照导演要求进行反复改进，最终与导演意图保持一致性，因为戏剧演出呈现的效果是基于导演的表达方式的。

在戏剧制作这个合作机制中，组间合作是指配乐、舞美、表演等艺术模块小组在导演的统一指挥下进行的，体现的是一种自上而下的任务导向的合作探究学习模式。而组内合作则是由小组成员根据所接收的任务实施平行式的合作探究学习，组内的合作探究学习模式具有任务导向和问题导向双重属性。任务导向体现在小组长将该小组任务进行再细化的分配。问题导向体现在小组内成员根据各自任务和对剧本的理解开展实际工作，针对实际工作中所产生的问题，他们通过研究、协作的方式共同完成。

此外，对于小组内部任务分配，可根据剧本形式和艺术模块小组工作性质进行合理安排。例如，若剧本的故事主要以旁白形式叙事，那么配乐任务应以场景为依据进行分配。若剧本的故事是以关键人物角色进行叙事的，那么配乐任务则应以角色为依据进行分配。对于工作量较大的舞美小组，应根据工作性质分配任务。例如，可将任务分为服装设计与制作、道具设计与制作、化装与布景等。

5. 舞台合成

从戏剧行业的角度定义，"舞台合成是指演员与技术人员在舞台上相互适应、动作协调的练习过程，也是导演综合运用演员表演、舞美体现和影像传达等手段表达导演构思的调试过程。舞台合成包括布置舞台（装台）、技术合成和彩排三个环节"[①]。

站在教育的立场，教师应根据学校硬件条件、学校资金支持、学生学习时间等情况挑选舞台合成的场地（为确保合成效果与最终演出效果一致，通常舞台合成场地即是最终的戏剧演出场地），确定舞台合成时间和最终演出的时间。

舞台合成环节是整个戏剧制作团队合作最密切、联系最平凡和广泛的阶段，为凸显学生主体性，布置舞台（装台）、技术合成和彩排这三个环节均由学生自行组织完成，教师只以后勤保障的角色参与其中。

（三）项目结题

戏剧艺术作品是以舞台演出的形式呈现的，戏剧制作作为创作戏剧作品的过程，其根本目的在于能够创造出一部精彩绝伦的戏剧演出作品。出于这一目的的动力倾向，人们对戏剧的评价自然会聚焦于最终的舞台呈现效果。但从教育的角度出发，应站在课程与教学的立场上去认识戏剧制作评价的意义。与专业的戏剧制作目的不同，基于戏剧制作的项目课程以教育为目的，它更关注在制作过程中学生知识的获得情况、能力与态度价值的提升情况，最终的戏剧演出效果只能作为反映学生学习效果的其中一项参考指标，而不能作为评价学生学习效果的唯一渠道。我们应树立一种着眼于学生整体成就的评价观，结合课程特点，构建一个以促进学生发展为目的的课程与教学的评价体系，它应包含三种评价方式，即构建基于过程表现的性质性评价、基于知识的量化评价和

---

① 马述智.对影响戏剧制作关键因素的分析与研究 [J].中国戏剧学院学报《戏剧》，2016（6）：110.

基于演出效果的开放性评价。

1. 基于过程表现的性质性评价

基于戏剧制作的校本综合艺术课程，是连接各艺术学科课程的具有实践性的综合艺术课程，是建立在各艺术学科知识与技能基础之上，突出学生合作、交流、制作与创作等学习过程的补充与拓展型课程，旨在与艺术学科课程形成互补关系，促进个体全面发展。与艺术学科课程相比，该课程更注重学生如何综合运用知识解决实际问题；如何进行反思与批判；如何与他人进行协作；如何在同他人或集体的互动中形成自我定位，实现自我价值等，而这些都是无法用量化标准去判断的隐性价值。这些隐性价值是通过教学情境中的具体行为显现出来的。作为一种行为表现，它没有一个绝对标准的参照系来提供对或错的判断，只能在课程过程中通过观察个体过去与现在的成长表现的差异来进行性质性的判断。所以，基于戏剧制作的校本综合艺术课程，主要采用表现性评价方式。

"档案袋评价是表现性评价的一种特殊形式，它描述的是学生在特定学科领域中长期的发展历程及重要成果的增长"。[①]

戏剧制作中的每个环节都是一个反复修改与调整的过程。例如，服装的制作遵循设计服装——收集材料——进行制作——演员试装、导演审定——进行修改再调整这样一个反复的过程。在这个过程中，演员在排练时同样也需要不断尝试，调整表演状态以达到最佳效果。在舞台合成阶段，各个环节之间需进行反复尝试与调整才能达到步调一致。对学生来说，这个过程中的每一次修改和调整都是一次自我的成长与突破。表现性评价是以学生在学习过程中的具体表现为参照的，因此，从项目启动开始，评价也需同步进行，以学生每一步的学习成长历程作为课程评价的依据，在学习过程中观察并记录下学生每一次

---

① 刘欣、孙泽文、严权.课程与教学新论［M］.北京：中国人民大学出版社，2014：251.

失败或者成功的素材，将其累积整理，形成档案，"为学生的不断发展累积信息与证据，及时地提供学生学习进展的实际情况，以便调整下一步的学习与指导"①。这个档案也是反映学生所取得的成绩的依据。

为适应戏剧制作项目课程的特点，档案资料不限于纸质形式。表演组可采用视频记录的方式，配乐组可积累音频作品，舞美组则可收集所制作的物体样品作为档案资料。由于档案整理是一个烦琐的工作，教师应引导与调动学生全员参与其中，根据每个组别的特点制订个性化的档案整理方案，便于在课程实施中进行有序地整理。值得注意的是，整理档案本身也是对学生条理性进行考查和评价的一项依据。

2. 基于知识的量化评价

课程启动阶段需对学生的艺术知识储备情况进行摸底考查，即起点性测验；在课程开展完结后还需再次对学生的艺术知识的巩固情况进行检验，即终结性考查。将起点性测验与终结性测验结果进行对比，能够清晰地看出学生对知识的掌握情况。因此，以作答试题的方式对学生的艺术知识水平进行量化测评，也是必要的评价环节。

3. 基于演出效果的开放性评价

戏剧演出是戏剧制作的最终成果。站在教育的角度，虽然它不能作为戏剧制作课程评价的唯一依据，但演出的效果在一定程度上能够反映出学生的学习效果。因此，对演出效果进行评价是戏剧制作课程一个不可或缺的关键评价环节。

秉持课程开放性的原则，戏剧演出应对外开放，面向家长以及社区。为使评价更加客观、更加多元化，演出评价的主体应由观众充当，他们包括戏剧行业的专家、教育界人士、家长以及社区人员等。这除了体现评价的开放性

---

① 刘欣、孙泽文、严权.课程与教学新论［M］.北京：中国人民大学出版社，2014.

外，还为社会、学校和家庭共同关注学生的成长搭建了一个良好的平台，学生在这种爱的氛围中分享自己成长的喜悦，有助于其建立自信，努力奋进。

此外，在戏剧演出后，从鉴赏的角度开展的评价活动为学生提供了一个与评价主体进行实时互动交流的机会。与由教师、学生、家长、社区人员和专家构成的评价主体进行实时的互动与交流，能让学生从多个角度反思自己的作品，并做出理性而全面的分析与判断。与此同时，这种具有开放性质的评价方式，在丰富了校园文化的同时还推动了社区文化建设。

《教育部关于全面深化课程改革落实立德树人根本任务的意见》指出："统筹课堂、校园、社团、家庭、社会等阵地。发挥学校的主渠道作用，加强课堂教学、校园文化建设和社团组织活动的密切联系，促进家校合作，广泛利用社会资源，科学设计和安排课内外、校内外活动，营造协调一致的良好育人环境。"[①] 本课程的基于演出效果的开放性评价方式正是该文件精神的具体体现。

[①] 教育部.关于全面深化课程改革落实立德树人根本任务的意见［EB/OL］.（2014-03-30）［2014-04-08］.http://www.moe.gov.cn/srcsite/A26/s7054/201404/t20140408_167226.html.

参 考 文 献

［1］刘欣，孙泽文，严权.课程与教学新论［M］.北京：中国人民大学出版社，2014.

［2］周海宏.音乐何须"懂"——面对审美困惑的思辨历程［M］.北京：中央音乐学院出版社，2011.

［3］顾春芳.戏剧学导论［M］.北京：北京大学出版社，2014.

［4］罗德红，李志厚.课堂教学与管理艺术［M］.北京：中国言实出版社，2014.

［5］靳玉乐.探究教学论［M］.重庆：西南师范大学出版社，2001.

［6］贺国庆，何振海等.战后美国教育史［M］.上海：上海交通大学出版社，2014.

［7］张今.东方辩证法［M］.郑州：河南大学出版社，2013.

［8］邱小燕.综合艺术课程教师跨域能力培养研究［J］.中国优秀硕士学位论文全文数据库，2013（5）.

［9］荀洪梅.中小学艺术课程实施现状研究［J］.中国博士学位论文全文数据库，2013（5）.

［10］宋森.对综合艺术课的几点质疑［J］.中国音乐教育，2003（5）：42-43.

［11］侯杰.对综合艺术课程改革的几点反思［J］.大舞台，2010（12）：159-160.

［12］翟一帆.教育戏剧在当今校园内外的发展概况与运作案例［J］.云南艺术学院学报，2009（1）：74-77.

［13］郑金洲.走向"校本"［J］.教育理论与实践，2000（6）：11-14.

［14］郭慧.开放性课堂教学的基本特征［J］.中小学管理，2002（3）：25-26.

［15］马述智.对影响戏剧制作关键因素的分析与研究［J］.中国戏剧学院学报——戏剧，2016（6）：109.

［16］徐俊.教育戏剧——基础教育的明日之星［J］.基础教育，2011（3）：68-74.

［17］庞海芍，王瑞珍.通识教育在香港［J］.北京理工大学学报（社会科学版），2007，9：165.

［19］梁京，蓝鹰.国内外通识教育课程体系比较研究［J］.电子科技大学学报（社科版），2017，19（5）：104-105.

［19］徐俊.教育戏剧的定义："教育戏剧学"的概念基石［J］.湖南师范大学教育科学学报，2014，13（6）：33.

    笔者是音乐专业的一线教师，在教学实践中发现，在现行的大班制教学的班集体里，每个学生的艺术特长、兴趣爱好、能力倾向和个性特点都有所不同，呈现出多样性的结构特征。但单一学科知识体系构建下的分科艺术课程，难以满足一个班里众多学生个性化发展的需求，课堂往往成为某些具有相应艺术特长学生的"专属舞台"，其他非此专长的学生则沦为观众。此外，基础教育下的艺术课程应该是一门面向全体学生、具有普及性质的审美教育课程。而人对艺术的审美体验又是需要通过多感官之间的相互配合才能形成美的感受，对艺术作品的理性认知更是要深究作品背后的人文内容才能获得。例如，听音乐时脑海里所浮现的画面和心中涌现的诗意般的感受交织成我们对音乐的审美体验；理解音乐作品则需要深入了解音乐背后的历史人文内容。但分科艺术课程间的壁垒阻碍了审美普及教育的这一规律。例如，在分科的艺术课堂上，若要通过调动其他感官经验加深对艺术作品的体验或者深究艺术作品背后的人文内容，就必须借助姐妹艺术和跨学科的知识内容予以支撑，但这极其容易导致课堂出现学科定位不清晰的尴尬局面。这种学科定位不清晰的问题在一定程度上还会使得分科课程的知识与技能目标无法充分发挥其应有的功能。这些现象的矛盾集中体现为：学生的艺术能力、人文素养和个性发展难以统一于单一学科知识体系构建下的分科艺术课程里。

    为了解决上述问题，笔者开始尝试人本价值导向的综合艺术课程的教学。但随着实践的深入，一些新的问题又涌现出来：各学科领域知识该如何融合？综合艺术课程的内涵与外延该如何规定？如何构建有效的课堂教学模式等。

通过潜心研读大量的综合艺术课程的相关研究文献后，一个以戏剧制作为载体的，以开展项目活动为手段的综合艺术课程的构想在脑海里逐渐成形。但在基础教育阶段开展这样一个非常规性的课程，它的核心理念和理论依据又是一个不可直接逾越的问题。直至2016年9月，中国学生发展核心素养研究成果正式公布，当笔者阅读关于此研究成果的相关文献后，萦绕在心中久久不解的疑惑终于柳暗花明。"基于戏剧制作的校本综合艺术课程"的思路脉络也最终成形。中国学生发展核心素养首次把培养目标详细地描述成学生各方面具体的成就，这种对学生成就具体的描述，便有效地把教育的显性目标与隐性目标统一起来了，对于"基于戏剧制作的校本综合艺术课程"来说具有很强的实践指导价值，它既是课程的理论依据，也是课程核心理念的具体表现。

从课程理论依据的角度看，在核心素养的视域下，我们不再是从课程的角度去思考人的全面发展，而是从人的全面发展的角度去重新定义和规划课程，让各种类型的课程回归其课程属性，使其紧密衔接，相互配合，从而促进人的全面发展。这无疑是本课程开发与实施的坚实的理论依据。

从课程核心理念的角度看，"实践乃素养之母，'一切实践均植根于情境之中'。因此，素养的形成和发展与情境存在密不可分的关系，'素养依赖情境'，素养是一种复杂、高级、综合、人性化的能力，'其形成与发展只能在智力、情感和道德上真实的情境之中'，倘离开真实情境，可能有知识技能熟练，断无素养发展。"① 经济合作与发展组织就是基于对未来社会情境复杂性的预判而提出了适应未来社会发展的核心素养。基于戏剧制作的校本综合艺术课程便是这样一门基于情境的、以个体素养发展作为核心价值的课程。戏剧

---

① 张华.论核心素养的内涵［J］.全球教育展望，2016（4）：20.

制作是课程教学的情境样式，它旨在将戏剧制作这样一个社会劳动过程的情境移植到教育中，发挥情境教育的作用。除了戏剧制作，生活中还有很多的情境都能用于教学之中。本课程的"基于戏剧制作"是基于情境的课程与教学的一项尝试，以期抛砖引玉，对方兴未艾的情境式的课程与教学有所裨益。